CORAGEM

e mais alguns Cês da Vida

CAROL MANCIOLA

CORAGEM

e mais alguns Cês da Vida

DVS EDITORA

www.dvseditora.com.br
São Paulo | 2022

CORAGEM E MAIS ALGUNS CÊS DA VIDA

DVS Editora Ltda. 2022
Todos os direitos para a língua portuguesa reservados pela Editora.

Nenhuma parte deste livro poderá ser reproduzida, armazenada em sistema de recuperação, ou transmitida por qualquer meio, seja na forma eletrônica, mecânica, fotocopiada, gravada ou qualquer outra, sem a autorização por escrito dos autores e da Editora.

Design de capa, projeto gráfico e diagramação: *Renata Vidal*
Ilustração de capa: *Kitsana1980 / Shutterstock*
Revisão geral: *Thaís Poll*

DADOS INTERNACIONAIS DE CATALOGAÇÃO NA PUBLICAÇÃO (CIP)
(CÂMARA BRASILEIRA DO LIVRO, SP, BRASIL)

Manciola, Carol
    Coragem : e mais alguns cês da vida / Carol Manciola. -- São Paulo : DVS Editora, 2022.

    ISBN 978-65-5695-055-6

    1. Autoajuda 2. Conduta de vida 3. Coragem 4. Crescimento pessoal 5. Mudança 6. Reflexões I. Título.

21-96525   CDD-158.1

Índices para catálogo sistemático:
1. Conduta de vida : Psicologia aplicada 158.1
Cibele Maria Dias - Bibliotecária - CRB-8/9427

NOTA: Muito cuidado e técnica foram empregados na edição deste livro. No entanto, não estamos livres de pequenos erros de digitação, problemas na impressão ou de uma dúvida conceitual. Para qualquer uma dessas hipóteses solicitamos a comunicação ao nosso serviço de atendimento através do e-mail: atendimento@dvseditora.com.br. Só assim poderemos ajudar a esclarecer suas dúvidas.

Para meus pais, Rita e Cezar.
*Pela concepção, criação, carinho, cuidado e conselhos...
por me inspirarem a ter coragem de caminhar meu próprio
caminho e por celebrarem minhas conquistas.*

SUMÁRIO

PREFÁCIO	9
COMEÇO	15
CORAGEM	21
CONSELHO	33
CICLOS	41
CONFIANÇA	47
CRIANCICE	61
CONGRUÊNCIA	67
CONTROLE	77
COMPAIXÃO	85
CRÍTICA	93
COMPETÊNCIA	99
COMUNICAÇÃO	107
CREDIBILIDADE	119
COMPARTILHAMENTO	127
CRESCIMENTO	135
COMPREENSÃO	145
CASUALIDADE	151
CAUSA	157
CHORO	167
CORDA BAMBA	175
MEUS QUATRO CÊS	183

PREFÁCIO

· CONEXÕES EM COMUNIDADE ·

Escrever o prefácio deste livro foi uma das missões mais prazerosas com a qual já fui presenteada. Em primeiro lugar, porque me identifiquei fielmente com vários capítulos. Ao ler alguns deles, quase senti que poderia ter escrito aquelas palavras, já que tento seguir praticamente os mesmos ensinamentos que a Carol compartilha conosco aqui. São muitas as coisas que quero fazer melhor todo dia e sigo me desafiando, assim como a Carol nos conta o que ela tem feito ao longo da sua vida.

Outro ponto que me deixou muito animada tem a ver com mais um cê da vida. É um cê que pauta a minha vida, que é central em todos os negócios nos quais atuo, e um cê que me possibilitou conhecer a Carol.

É o cê de comunidade!

Nós duas fazemos parte de uma comunidade muito especial. A comunidade de mulheres empreendedoras e líderes, de mães que trabalham duro pelo futuro de seus filhos e filhas, de mulheres que gostam de sonhar grande e realizam aquilo que se propõem a fazer e de mulheres ambiciosas, que buscam a excelência e a realização em diversas áreas da vida ao mesmo tempo.

Comunidade, para mim, significa plenitude. Trabalho em um negócio que se baseia em comunidade e moro em uma comunidade sustentável, que ajudei a fundar com mais cinco famílias. Comunidade é conexão e foi por meio de uma delas que conheci a Carol.

Mesmo sem nunca termos nos conhecido pessoalmente (sim, nos conectamos nessa comunidade em meio à pandemia), criamos laços genuínos. Estamos morando em cidades diferentes e eu não tenho ido a São Paulo desde que a pandemia começou. Então, ainda não tive o prazer de tomar um café (mais um cê importante da minha vida, risos) com a Carol até hoje.

Mas, apesar disso, a gente já se apoiou nos assuntos mais diversos – seja em temas de negócio e tecnologia, seja em uma dica de pousada romântica para o fim de semana. E, ao conhecer mais da Carol com a sua presença marcante no ecossistema de empreendedorismo, digo que este livro tem toda a essência do que ela quer deixar de legado para pessoas curiosas em busca de caminhos para uma vida com mais significado.

Isso tudo, porque a Carol não se intimida com o que não sabe, ela vai atrás para conhecer, saber mais e ter informação de qualidade.

A Carol não guarda para si os *insights* que teve durante todos esses anos de aprendizado, ela divide com o maior número possível de pessoas.

A Carol tenta ser aquele anjinho atrás da sua orelha, dando a você motivação extra para subir no palco, para escrever aquele artigo, para entrar mais confiante naquela reunião.

A Carol não se contenta com pouco, ela está sempre sonhando mais alto e procurando maneiras de realizar.

E é por isso que o maior cê que me vem à mente ao escrever este prefácio é o cê de Carol. A autora *corajosa* e *consciente*, que você está prestes a conhecer.

Um mulherão que resolveu ser quem ela quiser – mãe presente, profissional capaz e bem-sucedida, ser humano em evolução. Eu vejo tudo isso em mim, na Carol e em outras dezenas de mulheres que temos em comum nos grupos dos quais fazemos parte e que nos apresentam histórias felizes e tristes quase todos os dias na tela do nosso celular. E a gente se engaja, ajuda, torce uma pela outra: tudo virtualmente e, agora, voltando a ser um pouco mais fácil e seguro, com certeza, também presencialmente.

É tudo o que eu quero: encontrar a Carol e dar um grande abraço nela, agradecer por esta obra tão sincera, que ela resolveu reviver, atualizar e tornar ainda mais relevante para toda uma rede de apoio que conta com ela.

Veja bem, este livro não é apenas para mulheres. Este livro é *de* uma mulher *para* todos os seres humanos que buscam se tornar versões melhores de si mesmos a cada dia. *Coragem e mais alguns Cês da Vida*, esta obra lhe fará caminhar com mais consciência, coerência, consistência e, é claro, coragem.

Outubro de 2021

FERNANDA CALOI

Líder de programas para startups no Google, co-fundadora da TAO Bambu, mãe de 3. Ativista por uma vida mais coletiva e sustentável.

COMEÇO

· (NA VERDADE, UM RECOMEÇO) ·

A introdução de um livro é a última coisa que se escreve. Aprendi isso depois de escrever meu primeiro livro, *Os Cês da Vida*. *Coragem e mais alguns Cês da Vida* é uma continuação revisada e ampliada que nunca vai ter fim.

Livro a gente não termina, a gente abandona.

Também aprendi isso neste caminhar.

Para escrever esta introdução, combinarei os sentimentos de começar e recomeçar.

Foram muitas as minhas tentativas de publicar um livro. Em 2017, decidi que não tentaria, apenas escreveria. E o fiz.

Pressionada pela minha própria meta, reuni uma série de artigos que comecei a escrever em 2003, dei um *tapa* e nasceu o meu primeiro livro. Quando folheei a versão impressa pela primeira vez, confesso, me senti frustrada: havia ficado fina demais, com uma diagramação chocha e muitos erros de digitação, mas era meu MVP (só aprendi o que era isso alguns anos depois).

Como um produto mínimo viável, o livro foi para a rua e cumpriu seu propósito: *impactou positivamente a vida de muitas pessoas, milhares delas.*

Os *feedbacks* que recebi ao longo desses mais de quatro anos foram incríveis. Senti orgulho! Isso me fez aprender mais uma lição:

A vida não é somente sobre o que a gente faz; é bem mais sobre o impacto que a gente causa.

Em 2020, o novo coronavírus fez o mundo virar do avesso e Os Cês da Vida ganhou ainda mais espaço. Distribuí as unidades que tinha em mãos para pessoas que se beneficiariam da leve e instigante leitura. Era um momento de reflexão e ele caiu como uma luva.

Esse movimento me impulsionou a lançar esta nova versão, que se tornou um novo livro. A essência permanece, mas o conteúdo inclui um novo olhar.

Se, em Os Cês da Vida, meu olhar tinha mudado de pragmatismo para contemplação, nesta versão ele vem com CORAGEM.

Plantar uma árvore, ter um filho e escrever um livro. Essa foi a ordem conforme a qual as coisas aconteceram em minha vida, mas não foi bem assim que planejei.

Minha Coragem me permitiu podar minhas plantas, sem o medo de matá-las. Minha Coragem me levou a um segundo filho. Minha Coragem me fez publicar meu primeiro *best seller*, o Bora Bater Meta. Minha Coragem me fez voltar atrás para reescrever as histórias que conto aqui. Por isso, aqui estou. Com coragem.

Me sinto, mais uma vez, traduzida em minhas próprias palavras. É maravilhoso olhar para trás e perceber que se está deixando um legado.

A cada dia que passa, me torno uma nova versão de mim mesma, sempre fazendo o melhor possível dentro das condições possíveis e é isso que apresento a você aqui.

Ao longo destas 208 páginas, busquei apresentar, por meio de uma narrativa informal, a minha versão sobre esse caminhar repleto de Coragem e mais alguns cês da vida.

Meu desejo com este livro é o de inspirar.

Somar vontade com disposição e disciplina torna sonhos realidade.

Essa parece ser a cartilha das pessoas que chegaram aonde queriam estar. E tem sido a minha também.

Recomendo que você não faça uma leitura corrida. Que escolha o cê que mais lhe toca neste momento e, a partir dele, faça uma pausa para encontrar a sua definição para aquela palavra.

Espero que você consiga, a partir da minha visão de mundo, descobrir novas visões para o seu mundo e que, com coragem, contemple sua jornada e continue cultivando aquilo que faz seu coração vibrar.

Curta, compartilhe, comente e, principalmente, comemore cada nova conquista.

Com carinho,
CAROL

CORAGEM

"O correr da vida embrulha tudo.
A vida é assim: esquenta e esfria,
aperta e daí afrouxa,
sossega e depois desinquieta.
O que ela quer da gente é coragem"

GUIMARÃES ROSA - *Grande Sertão Veredas*

· MINHA VERSÃO DE CORAGEM ·

Coragem! Seja em *posts* nas redes sociais, em matérias de TV, em situações do cotidiano, parece que o mundo precisa desse sentimento.

Fui procurar no dicionário a definição da palavra e encontrei, no *Houaiss*, o seguinte:

CORAGEM

1. Moral forte perante o perigo, os riscos; bravura, intrepidez, denodo;
2. Firmeza de espírito para enfrentar situação emocionalmente ou moralmente difícil;
3. Qualidade de quem tem grandeza de alma, nobreza de caráter, hombridade.

Sempre achei que coragem tinha a ver com coração, então, julguei prudente ir um pouco mais a fundo. Pesquisei a etimologia da palavra e a encontrei no artigo "A coragem vem do coração", assinado por Sérgio Rodrigues e publicado no blog *Sobre Palavras* dentro do portal da revista *Veja*:

"Registrado em português desde meados do século XVI, o substantivo coragem foi importado do francês courage, vocábulo cinco séculos mais antigo (herdeiro do latim cor, cordis, 'coração') [...] sinônimo de coração. Mas não se trata do coração físico, designado em francês pela palavra coeur, mas do coração como 'morada dos sentimentos'. Segundo o Trésor de la Langue Française, nas décadas seguintes, a palavra recebeu uma expansão semântica para nomear 'estado de espírito' e 'desejo, ardor'. Coragem era força interior, um sinônimo de ânimo."

Agora, começou a ficar quente! Mas, como ainda sinto falta de alguns elementos que expliquem a coragem como a percebo, criei a minha própria versão dela.

Durante muito tempo, achei que me faltava coragem: aquele impulso que nos tira do lugar e bagunça (ou arruma) tudo ao redor.

==Comecei a perceber que a minha capacidade de racionalizar situações e desdobramentos de ações era muito maior do que imaginava. Eu precisava (ou será que ainda preciso?) calcular tudo. Eu me sentia como em um jogo de xadrez no qual sempre estava encurralada, mas, ao mesmo tempo, conseguia escapar do xeque-mate.==

E, com isso, fui aprendendo a ressignificar as coisas, como um truque para me manter no mesmo lugar. Comecei a pintar o meu mundo (aquele meu mundinho de sempre) de diversas cores. Afinal, o mundo tem a cor que a gente pinta, não é? Com isso, passei a procrastinar mudanças que, no fundo, no fundo, eu sabia que eram necessárias.

Mas, a todo momento, surgia aquela vozinha interior, que insistia em me inquietar (logo quando tudo parece estar no lugar?). Foi nesse ponto que comecei a racionalizar novamente. Passou a ser questão de honra entender esse embrulho, que combinava um "se jogue" com "não se mexa" e me deixava sempre com a sensação de "Deus me livre" e, ao mesmo tempo, "Quem me dera".

PISTA NÚMERO 1. Um dia, conversando com um grande amigo, o Ivan Corrêa, sobre meus dilemas e tentando ganhar mais um aliado para o posicionamento de me manter no lugar, ouvi dele uma historinha que mais pareceu um pequeno soco no estômago:

— Três sapos estavam na beira da lagoa. Dois deles decidiram pular. Quantos continuaram na beira da lagoa?
— Tem pegadinha? — esquivei-me.
— Não tem pegadinha nenhuma. Pense e responda — ele me desafiou.
— Bem, se eram três sapos e dois pularam, é claro que só ficou um — concluí, racionalmente.
— Você estaria certa se eu tivesse dito que dois deles pularam, mas o que eu disse é que dois deles decidiram pular.

E aí está moral da história: Tomar uma decisão é uma coisa. Implementar a decisão é outra, bem diferente.
Foi aí que comecei a perceber que a tal "vozinha interior", que alguns chamam de intuição, na verdade, era a minha decisão dizendo: "Vai, filha! Se joga! Você já sabe o que precisa ser feito!"
E a minha paralisia era o meu lado racional me fazendo pensar em vez de agir: "Veja bem, lembre-se de que, se você fizer isso, pode acontecer aquilo. Além disso, aquela outra coisa pode não dar certo como você imagina: olhe o caso de fulana, que se deu mal."
E, então, eu travava. Aliás, travava não: ressignificava! Trazia à tona meu lado positivo, que me dizia que, ficando no mesmo lugar, tudo seria diferente.
Para que mudar? Tudo estava perfeito. O problema era eu, que sempre queria demais. O que eu precisava era me readequar, ou seja, realinhar minhas expectativas para me contentar com menos, e acreditar que eu tinha mais do que o suficiente (alguém se identifica?).

PISTA NÚMERO 2. Eu conversava com uma amiga sobre os desafios profissionais dela. Ela ia remoendo sua história nas diversas empresas pelas quais tinha passado e tentando me convencer a apoiá-la a mudar de empresa. Sua alegação:

— Agora, sim, vou ter a oportunidade de começar do zero e nutrir relacionamentos mais saudáveis, sabe?

— Não sei...

Respirei fundo e disse para ela:

— Amiga, pelo que contou, e pelo que sei de você, muita coisa não vai mudar, mesmo que você mude de empresa, de segmento, de cargo, de função...

Ela silenciou, me olhando como se já soubesse a resposta.

— Então... a questão não é o ambiente, nem as pessoas à sua volta. Todas as suas histórias *têm apenas uma coisa em comum, VOCÊ! É o impacto que você causa ao seu redor que faz essa história ser tão verdadeira. O ponto é: vai se enganar até quando?*

Nesse momento, contei para ela a historinha do forasteiro que, sempre que chegava a uma vila, perguntava ao dono da banca como era a cidade. O dono da banca sempre respondia com uma pergunta: "Como era a cidade de onde você vem?"

Se o forasteiro dissesse que era uma boa cidade, o dono da banca dizia que aquela era uma boa cidade. Se dissesse que era uma cidade ruim, o dono da banca dizia que ali também era uma cidade ruim.

Enfim, como em um processo terapêutico, ao falar sobre a questão dela, o que era óbvio me gritou na alma:

ATÉ QUANDO VOU ME ENGANAR? ATÉ QUANDO VOU FINGIR QUE ME CONTENTO COM POUCO? EU PRECISO MUDAR PARA MUDAR!

Mas, caramba, se mudar de lugar, de estado civil, de trabalho ou de qualquer coisa já é tão difícil, mudar a gente mesmo é ainda mais desafiador (e doloroso).

As pistas me levavam a duas reflexões:

1. Não adianta só decidir, é preciso implementar;
2. Antes de mudar de lugar, prepare-se para uma mudança mais profunda em si mesmo.

Mas alguma coisa ainda faltava para explicar essa tal coragem e foi aí que novas pistas (sim, foram várias) surgiram como uma avalanche:

- Aos 14 anos de idade, decidi ir morar com meu pai. E fui. E foi importante.
- Aos 20 anos, decidi largar o trabalho e apertar o cinto, mas, também, me dedicar somente aos estudos para entrar em uma universidade federal. E larguei, e estudei. E me formei em uma das melhores faculdades de Administração do país.
- Aos 27 anos, decidi que ia morar em São Paulo. E fui, conquistei meu espaço e estou ampliando esse espaço para caber mais gente.
- Aos 32 anos, decidi deixar para trás a empresa da qual eu tinha 25% da sociedade e parecia ser "a minha vida". E deixei. Eu me tornei um ser humano melhor.
- Também aos 32 anos, decidi acabar um casamento de 14 anos. Eu me divorciei e, logo depois, encontrei e me casei com amor da minha vida.
- Aos 33 anos, e apenas seis meses de namoro, decidi engravidar. E o Léo nasceu. Depois, veio a Ursula.
- Aos 36 anos, pedi demissão de uma das maiores empresas de educação do país e fundei a Posiciona, que cresce a cada ano.

Chega a me dar tontura todo esse rolé e toda essa coragem. Esse é um resumo das mudanças mais impactantes que promovi na minha história e todas elas têm algo em comum:

- Eu já sabia que devia implementá-las havia algum tempo;
- Eu tinha desculpas perfeitas para manter tudo como estava;
- Eu criei histórias de desdobramentos perfeitas para essas minhas decisões e encontrei aliados;
- Eu vivi a paz dos dias antes da decisão ser implementada;
- Eu estava preparada para me responsabilizar pelo pior cenário possível;
- O que veio depois foi muito melhor do que eu tinha antes.

E acho que aqui consigo chegar à minha versão de coragem, ou melhor, às minhas versões:

CORAGEM É O OPOSTO DA MINHA TPM.

Na TPM, tenho vontade de largar tudo, de socar pessoas, de sumir do mapa. Mas *eu sei* que estou na minha TPM, que tudo aquilo é efeito dos hormônios e que em um, dois, três ou dez dias (coitados dos que convivem comigo, risos) todo esse sentimento vai passar. Racionalmente, evito tomar decisões porque, quando estou de TPM, sei que elas não fazem sentido.

Coragem é saber que tudo pode dar errado, é ter certeza de que ficar onde se está é muito mais seguro, é ouvir um monte de gente o aconselhando a ser mais prudente, é ter todas as justificativas do mundo para não mudar e *não saber* se deve ou não fazer, mas simplesmente ir, porque, no fundo, seu coração é mais importante do que sua cabeça. Parafraseando aquela frase clichê: o coração tem razões que a própria razão *REconhece.*

Coragem é saber que você está pronto para o que der e vier e, assim, agir – apesar do medo. Ser *corajoso* é ser humilde e ser arrogante ao mesmo tempo. Humilde para admitir que não era aquilo, que escolheu mal, que não deu certo (ou que não se chegou aonde se pretendia), que cansou, que enjoou, que se enganou, enfim... E é ser arrogante por saber que merece algo melhor e ponto final.

A *coragem* é o gatilho, é a faísca, é o salto, mas *coragem* é, também, agir no que vem depois.

Coragem não significa deixar para trás, terminar... Coragem diz respeito à disposição para começar de novo, para fazer diferente.

Coragem é evoluir deliberadamente.

VIVENDO A MUDANÇA A UMA VELOCIDADE QUE RESPEITA SEUS LIMITES

É mais ou menos assim que funciona: algo o incomoda, você avalia novas possibilidades, decide, comunica sua decisão aos impactados diretamente, implementa as mudanças necessárias, vivencia o resultado do processo e assume a responsabilidade por eles.

Mas, não é tão simples assim.

Cada etapa tem seu tempo e cada mudança tem sua "fase difícil". Por isso, aliás, é comum a gente "travar" em alguma (ou algumas) dessas etapas.

É importante reconhecer os riscos de cada uma delas e ampliar a consciência em relação aos desafios. Mas não adianta ter vontade sem coragem.

Elenquei, para cada uma das etapas, uma pequena descrição de riscos para que você avalie a área em que costuma travar:

1. INCÔMODO: o impulso da mudança quase sempre começa pelo incômodo. Algo está machucando, arranhando? A gente dá aquele *zoom* na situação. O desafio aqui é se acostumar, se adaptar, dar um jeitinho e até se deformar. Há também as situações em que a régua baixa e surgem crenças do tipo "se melhorar estraga". Não se acostume com o que não lhe faz bem.

2. ANÁLISE: já que que incomodou, vamos avaliar as opções. O que pode ser diferente? É preciso entender que é mais de você para o mundo do que do mundo para você. Os riscos aqui são decidir pelo mais fácil: atalhos e receitas prontas costumam ser perigosos e travar por excesso de análise, o que chamam por aí de "paralise". Delimite opções considerando seus objetivos e suas possibilidades.

3. DECISÃO: aqui cabe a história dos três sapos na beira da lagoa, afinal, decidir pular é bem diferente de pular. Algumas pessoas convivem anos com uma decisão, mas não conseguem fazer uma escolha. É inevitável: toda decisão leva a uma perda, que gera uma frustração, por isso, é difícil escolher e, por isso, algumas pessoas passam anos sem realmente tomar uma atitude. Conviver com uma decisão não implementada gera angústia. Aquela sensação de "não sei se vou ou se fico". É importante elencar os critérios e dar pesos, colocar na balança perdas e ganhos, considerando impactos de curto, médio e longo prazos, e aonde se quer chegar.

4. COMUNICAÇÃO: esse é o momento "libertador" do processo. Decidi, comuniquei, mas ainda não mudei. É como se estivéssemos cumprindo aviso prévio: se você foi demitido, vai "ter tempo" de se acostumar, procurar alternativas... se você pediu demissão, vai poder "curtir" um pouco mais do passado, já "mais tranquilo" com o futuro. Normalmente, quando compartilhamos uma decisão nos fortalecemos, no entanto, comunicar aos impactados diretamente costuma ser desafiador. É comum sofrer mais enquanto está "engasgado". Por isso, escolha o melhor contexto, canal, forma e conteúdo, mas tenha cuidado com o excesso de "momento ideal", pois pode ser que ele simplesmente não exista. ==De uma maneira geral, dói mais no começo, depois, quase sempre, é um alívio.==

5. IMPLEMENTAÇÃO: agora é "pra valer". "Ele se foi", "O contrato está assinado", "A mudança partiu rumo à casa nova", "A carteira está assinada". Essa é a hora de colocar a mão na massa e o plano em ação. Deixe todas as desculpas de lado e viva a jornada! Possibilidade de dar errado existe sempre mudando ou ficando no mesmo lugar. O risco aqui é relaxar como se, seguindo "seu curso natural", tudo fosse se ajeitar com o tempo. ==O tempo não muda nada, nossas ações, sim.== O tempo, no máximo, muda seu foco e faz você se acostumar. Mas, para que dê certo, o plano precisa ser executado. Mude o plano quantas vezes for necessário, mas pare de revisar a meta pelo fato de você não estar dando seu melhor. Honre o passado, orgulhe-se de suas conquistas, seja grato pelo que o trouxe até aqui, mas seja "arrogante" para admitir para si que você merece mais. Arme-se de competências.

6. RESULTADO: hora de colher o que plantou e cultivou, lembrando de que ==nem tudo chega ao mesmo tempo e, nem sempre, no nosso tempo.== São pedras no caminho que constroem castelos, são pingas que permitem tombos e é o bastidor que nos permite brilhar no palco. Se você está satisfeito, desfrute e pense no próximo passo. Se não está, o incômodo vai lhe fazer começar tudo de novo.

7. **RESPONSABILIDADE:** antes de recomeçar, reprogramar, resmungar ou revisitar, reconheça que a responsabilidade por estar onde você está, por permanecer onde não se quer mais ficar, por conviver com quem você deveria se afastar é sua. Não se apegue aos pormenores da vida (que são muitos), mas entenda-os como obstáculos que precisarão ser superados.

Essas etapas compõem um processo de mudança e, como afirmei anteriormente, quase sempre, elas se iniciam pelo incômodo. No entanto, aqui vale uma ressalva: o incômodo pode ser uma premissa, mas o movimento real só existe quando há consciência da responsabilidade.

Certamente, você conhece uma galera que desfila todo ano no bloco do "reclama, mas não sai". Pessoas que reclamam, mas que não saem do lugar.

Isso acontece porque "incômodo sem protagonismo é reclamação, mas incômodo com protagonismo é evolução".

Como diria meu amigo, Marcos Piffer, "no ônibus da vida, consciente disso ou não, você é o motorista". Dirija, tenha clareza do destino, ajuste a rota, estude o caminho e imprima a velocidade que respeita seus limites.

Se você está no comando, a coragem é sua maneira de conduzir, afinal o mesmo pé que freia é o pé que acelera.

CORAGEM E FELICIDADE

O sucesso não é uma linha de chegada, sucesso é ser feliz na jornada.

Nossa felicidade tem menos a ver com o que significamos para o mundo e muito mais a ver com o que o mundo significa para a gente. A maneira como encaramos uma situação, o significado que damos a ela e como respondemos ao que chega "sem pedir licença" é uma decisão.

Se a gente não toma uma decisão e implementa, alguém faz isso pela gente. E a gente vira vítima. A coragem nos permite redigir nossa própria história. Se não tiver coragem, não adianta ter vontade.

O quão corajosa eu sou? Não sei! Mas, como diria Dona Canô Veloso: "Ser feliz é para quem tem coragem" e é com coragem que eu decidi caminhar em todos os meus cês da vida.

CONSELHO

"Não generalize: bons conselhos existem, só depende de você
saber a quem pedir, e ter o discernimento necessário para
analisar sua opinião com a de outrem, pois em princípio
a tua será sempre mais confiável"

IVAN TEORILANG

· QUEM AVISA AMIGO É? ·

Em um desses devaneios de tentar entender o real significado de alguns ditados populares – que nada mais são que "frases de origem popular que sintetizam um conceito a respeito da realidade ou uma regra social ou moral" –, percebi que eles, muitas vezes, são utilizados de forma *perigosa*.

Pelo seu caráter de *verdades populares*, esses provérbios difundem as crenças que foram se sedimentando ao longo do tempo. Talvez, por isso, sejam tão repetidos sem uma reflexão um pouco menos superficial do seu real significado.

Um, que tem me chamado a atenção frequentemente, é o:

Quem avisa amigo é.

É incrível como todos querem emitir alguma opinião sobre a vida alheia. Algumas vezes sendo convidados a fazê-lo, outras por se sentirem nesse direito, mas, na maioria das vezes, pelo simples fato de se considerarem mais experientes ou mais espertos.

Os amigos costumam oferecer conselhos nas seguintes situações:

1. **INTROMETIDO BEM-INTENCIONADO:** gostam muito de você e querem seu bem;

2. **CÚMPLICES QUERIDOS:** receberam sua versão dos fatos e são solicitados a opinar (ou concordar com você).

INTROMETIDO BEM-INTENCIONADO

Posso estar sendo Pollyana[1] demais, mas acredito que, ao se oferecer gratuitamente um conselho, quase sempre, a intenção é muito positiva. ==Mas, assim como é importante se cercar de pessoas de boas intenções, é também preciso compartilhar com elas quais são as *suas* intenções.==

Exemplos clássicos:
- Aqueles que não valorizam uma formação universitária, mas são muito preocupados com a saúde do amigo e vivem alertando: "Não fique estudando até tarde, você vai perder sua juventude";
- Aqueles que não possuem muitas ambições profissionais e criticam: "Você não deveria se dedicar tanto, na hora do aperto, você será mais um número".

Lembro-me bem quando vim morar em São Paulo e algumas pessoas da minha família estavam preocupadas com minha mudança repentina e radical. Elas me falavam desde o "Você não vai durar três meses naquela selva de pedras. Lembre-se de que nós estaremos aqui quando você quiser voltar" e o "Você precisa avaliar sua ambição profissional, pois está abdicando da sua família" até o típico "Você é louca".

Pois é, ==você é louca até fazer sucesso, depois disso, vira visionária.==

A intenção era positiva. Aquelas pessoas se preocupam genuinamente comigo. Só que ninguém se deu ao trabalho de perguntar quais eram as minhas intenções, meus objetivos de vida, meus planos.

A maternidade é outro "ambiente" repleto de pitacos.

"Você tem de dar o peito sempre que ele chorar. Vai se sentir rejeitado se você impor uma rotina!"

---

[1] *Pollyana* é uma comédia de Eleanor H. Porter, publicada em 1913 e considerada um clássico da literatura infantojuvenil. No livro, Pollyanna, uma menina de onze anos, após a morte de seu pai, um missionário pobre, muda-se de cidade para ir morar com uma tia rica e severa que não conhecia anteriormente. No seu novo lar, passa a ensinar às pessoas o "jogo do contente" que havia aprendido com seu pai. O jogo consiste em procurar extrair algo de bom e positivo de tudo, mesmo nas coisas aparentemente mais desagradáveis.

"Não já passou da hora de desmamar essa criança? Vai crescer dependente da mãe."

"Mas vai dar chupeta? Vai entortar os dentes!"

Ninguém perguntou: "Que tipo de cidadão você quer formar para o mundo? O que é valor para você na educação dos seus filhos?"

O mais interessante nisso tudo, e mais comum do que se imagina, é que muitas vezes esses conselhos vêm de pessoas que nunca vivenciaram tal situação ou não conquistaram nada a partir dessas mesmas palavras. Ou seja, no mínimo, antes de dar ouvidos aos conselhos de alguém, é importante refletir sobre o que essa pessoa conquistou aplicando-os à sua própria vida.

Um exemplo clássico é o de pessoas desempregadas há bastante tempo criticando o excesso de engajamento no trabalho de quem chega em casa dizendo estar exausto. Outro bastante comum é a pessoa, na mesma posição há anos, aconselhado o colega promovido recentemente a ter cuidado com o chefe. São muitos os casos de conselhos de não gurus em determinado assunto.

É isso! Os intrometidos bem-intencionados são muitos. Se você precisa e/ou quer continuar convivendo com eles, sugiro que escancare suas intenções.

CÚMPLICES QUERIDOS

Os conselhos fornecidos gratuitamente, e que têm como objetivo ajudar, alertar ou orientar, costumam ser parciais. Ou seja, são despejados a partir de uma avaliação unilateral que, na maioria das vezes, é a versão do aconselhado.

É muito comum ouvir pessoas que justificam sua forma de agir por conta de conselhos recebidos: dicas de pais, amigos, parentes, sugestões vindas de colegas de trabalho e palpites de diversos do tipo: "Eu, no seu lugar, faria dessa forma...", "Se eu fosse você, faria diferente..." e por aí vai. Quando juntamos essa visão míope e a potencializamos com a capacidade incrível do ser humano de distorcer os fatos para uma perspectiva mais favorável a si, temos uma bomba!

Buscamos cúmplices na construção de um raciocínio perfeito, criado para justificar a manutenção do *status quo*. Esse padrão se repete quase que inconscientemente e limita a visão das pessoas, mantendo-as presas à sua ilusão.

Esse reforço positivo de um contexto negativo impede as pessoas de entenderem a verdadeira causa do insucesso. É preciso lembrar que os saltos mais altos só são possíveis quando paradigmas são quebrados. Como diria Albert Einstein: "É o cúmulo da insanidade desejar resultados diferentes fazendo sempre as mesmas coisas".

É mais ou menos assim:

> *João foi demitido. Seu chefe já tinha lhe dado diversos feedbacks sobre sua performance, mas não houve evolução.*
>
> *Diariamente, ao voltar para casa, João se queixa com sua colega do ônibus, Maria, dizendo que seu chefe pega no pé, que a situação é, a cada dia, mais chata e todo aquele blá-blá-blá. Maria ouve e quase sempre reforça que não sabe como algumas pessoas viram chefes, dando a entender a João que o problema é mesmo a classe dos chefes.*
>
> *No dia em que é demitido, João vai se aconselhar com Maria, que fala: "Bola pra frente João, você é muito maior do que aquele emprego. Eles não te mereciam. Em breve, você vai encontrar coisa melhor."*

Qual a probabilidade de João ter o mesmo tipo de problema no próximo emprego e continuar se sentindo uma vítima azarada dos chefes mal preparados? Se ele continuar contando com os conselhos de Maria, será alta!

E são com eles que João provavelmente vai contar. Na verdade, o que Maria faz não é dar conselho, é dar consolo. Ela ouve a versão unilateral de João, se sensibiliza com o amigo e dá seu ombro para que ele chore.

Ao chegar em casa e reclamar para esposa, que o conhece e sabe que o marido *realmente* não está dando seu melhor, ele ouve conselhos diferentes. "Você precisa se esforçar mais", "Por que, em vez de assistir à TV, você não vai ler um livro?" A esposa é um ser incompreensível, que "torna tudo ainda mais difícil" e "não percebe o quanto ele é injustiçado no trabalho".

Fim da história?

Que nada, ela se repete, se repete, e vai criando vítimas forjadas pelos cúmplices queridos.

DIGA-ME A VERDADE E EU ME AFASTAREI

Eu fui irônica contando uma história boba de forma bem proposital.

#quemnunca? se afastou de um amigo que disse boas verdades?

Buscar aliados para justificar nossos erros não é nenhuma nova técnica.

É mais comum do que se imagina buscarmos amigos que concordem com nossa versão e nos forneçam os conselhos que queremos ouvir. Com isso, os *amigos conselheiros* podem ser, na verdade, classificados como *amigos consoladores*, afinal, eles estão ali apenas para falar aquilo que queremos ouvir.

Amigo mesmo é aquele que fala o que precisamos ouvir, mesmo que isso nos mostre uma realidade um pouco mais dolorosa. Amigo mesmo, quando acha prudente, discorda da posição firme que adotamos diante de determinada situação. Amigo é aquele que nos ajuda a eliminar a cortina de fumaça que nos impede de ver o que nos atrapalha. Enfim, é alguém que contribui para nosso crescimento – e não alguém que simplesmente nos conforta diante das decepções e dos fracassos.

Para algumas pessoas, transformar crenças limitantes em valores edificantes é um hábito. Mas, pior mesmo, é quem dá ouvidos e se sente confortável em ter ao seu lado "alguém que o entende, apoia e consegue colocar-se em seu lugar". Às vezes, de tanto fazer *rapport*[2], acaba na mesma situação do amigo conselheiro malsucedido, que "já viveu o bastante e entende das coisas da vida".

---

2 *Rapport* é um conceito originário da Psicologia, que remete à técnica de criar uma ligação de empatia com outra pessoa. O termo vem do francês rapporter, cujo significado remete à sincronização que permite estabelecer uma relação harmoniosa.

Como diria Júlio Verne, "o que uma pessoa pode imaginar, outras podem tornar real". Antes de pedir um conselho, reflita se precisa de colo ou direção, de reforço para uma opinião já formada ou de novos horizontes e, principalmente, analise com quem vai se aconselhar, afinal, quem avisa, muitas vezes, amigo quer continuar a ser.

CICLOS

"A amizade é um amor que nunca morre"

MÁRIO QUINTANA

· QUASE NUNCA É POR MAL ·

Quem nunca se sentiu deixado de lado por um amigo que atire a primeira pedra.

Às vezes, acontece: uma mensagem via WhatsApp não é imediatamente respondida, você não foi convidado para aquele churrasco com a turma do vôlei e, muito menos, para o batizado do filho. Os fins de semana não são como antigamente.

Acontece com todo mundo. Em alguns casos nos sentimos vítimas, mas observe que em outros somos nós quem nos afastamos.

Somos pessoas de fases. Os interesses mudam, as prioridades mudam. Quase nunca é por mal.

Relacionar-se é algo inerente ao ser humano. No entanto, amizade tem mais a ver com ciclos e círculos do que com listas. Segundo um estudo realizado por Robin Dunbar, somos capazes de administrar até 150 amigos por vez. Isso mesmo, por vez. Isso porque a estrutura de como os organizamos é dinâmica. Se um amigo some de vista, o cérebro parece que detecta isso e diz: "Há lugar livre". Talvez, na camada dos conhecidos, você nem note, mas, nos primeiros círculos, você detecta esse vazio e o preenche.

Isso não significa que somos descartáveis. Mas é uma forma de sobreviver ao que quase sempre classificamos como rejeição.

==A rejeição é uma das feridas emocionais mais profundas que existem.== Se sentir ignorado, desprezado e recusado cria em nós um filtro perigoso. Através das suas lentes achamos que tudo é pessoal: "Ele não gosta mais de mim", "Ela não valoriza os amigos que estiveram ao seu lado em momentos difíceis", "Eu fui apenas usada", "Minha felicidade está incomodando".

Eu mesma já senti isso, muitas vezes. Pessoas que considero muito importantes se afastaram. Com algumas, mantenho contato, com outras, faço festa como se as tivesse visto ontem e tem aquelas sobre as quais não tenho notícias.

É estranho pensar que aquela turma não é mais a sua, que aquele amigo confidente está tão diferente ou que aquele casal não viaja mais junto com você. E as redes sociais potencializam tudo.

Quase nunca é por mal. A vida tomou outro rumo, novas pessoas surgiram, um trabalho novo absorve nossa rotina, você entra em um grupo de corrida, a agenda do fim de semana começa a ser preenchida com festinhas infantis, ==o tempo é curto para dar tempo de abraçarmos tanta gente.==

Além disso, é importante lembrar que diferentes amizades exigem esforços diferentes. Às vezes, um está mais disposto do que o outro. Às vezes, o mais disposto cansa. E basta um sentimento de "ah, sou sempre eu que procuro por ele... vou esperar que ele tome a iniciativa agora" para que vocês não se vejam por anos. Acontece e quase nunca é por mal. Foi um teste e a "amizade" não passou por ele.

Por vezes, o afastamento acontece de forma tão natural que é exatamente quando sentimos saudades que concluímos o quanto nos afastamos. O algoritmo da rede social colabora e a pessoa some até da nossa *timelime*. E, quando você vai investigar, vê que seu amigo está lá, sobreviveu ao afastamento e está tudo bem.

Segundo Zygmunt Bauman, autor de *Tempos Líquidos*, os tempos são "líquidos" porque tudo muda tão rapidamente. Nada é feito para durar, para ser "sólido". No atual estágio "líquido" da modernidade, os líquidos são deliberadamente impedidos de se solidificarem. Difícil pensar que toda e qualquer relação está sujeita a essa liquidez.

Mas assim é a vida. Às vezes, amizades se solidificam. Às vezes, sublimam. É no apertar e afrouxar da vida que relações se fazem e se desfazem. Mas quase nunca é por mal.

Essa sensação de "sou substituível", de "nada dura para sempre" e de "um ciclo acabou", muitas vezes, impede a gente de fazer aquela ligação, dizendo

"sinto sua falta... a correria do dia a dia nos afastou, mas adoraria te ver... vamos marcar algo?"

Outras vezes é mesmo difícil administrar tantas amizades. Por vezes, simplesmente passa. Não se pode ter infinitos amigos, porque seus recursos de tempo e capacidade são limitados. Acontece. Quase nunca é por mal.

Seguimos em frente, mas deixamos rastros e é esse pedacinho da gente o que realmente fica na vida do outro.

Existe uma frase atribuída à Madre Teresa de Calcutá que diz que "não devemos permitir que ninguém saia da nossa presença sem se sentir melhor e mais feliz".

Às vezes, fazemos isso sem querer, às vezes, de propósito. Mas, se sentimos falta, se bate aquela saudade, é porque o outro importa e seria justo deixar isso claro para ele. Nem todas as pessoas que convivem conosco têm a consciência do quanto são importantes para nós.

Relação tem a ver com reciprocidade, com abrir mão, com baixar a guarda. Devemos nos desafiar a compreender antes de julgar.

Meu desejo é que a gente possa sorrir, mesmo ao sentirmos aquela dorzinha de estar longe quando a gente queria mesmo é estar perto. A maior demonstração de amor que podemos dar a uma pessoa não tem a ver com presença física. Tem a ver com estar feliz pela felicidade do outro, com torcer mesmo de longe.

Por que não manifestar a vontade de estar perto mesmo que não dê? É que, às vezes, não dá mesmo. É muita coisa, muita gente, muita prioridade... a vida tem dessas coisas.

A intenção precede a ação. O importante é ampliar o olhar, é se colocar no lugar, é ter momentos para lembrar e reconhecer que nessa bagunça que nos afasta e nos aproxima muita coisa se atropela e quase nunca é por mal.

Amizade não é sobre quem vem ou quem vai. Amizade é sobre o que fica e foi bom.

CONFIANÇA

"Eu sou aquela mulher a quem o tempo muito ensinou.
Ensinou a amar a vida e não desistir da luta, recomeçar na derrota,
renunciar a palavras e pensamentos negativos.
Acreditar nos valores humanos e ser otimista."

CORA CORALINA

· CONFIE NO PODER DE SER VOCÊ ·

Você já se perguntou o que faria se não tivesse medo? Medo de se expor, medo de fracassar, medo de não ser aceito...

Esse é o tipo de pergunta que tenho até medo de fazer, pois costuma mexer com as pessoas de forma muito profunda. Mas, agora que fisguei você, vou até o final.

Quem nunca tentou esconder seus medos e se esforçou em um nível surreal para ser o melhor possível dentro daquilo que... os outros esperavam?

Então...

Cheguei à conclusão de que, a partir do momento que nos tornamos mais conscientes dos nossos próprios desafios e objetivos, agir de forma coerente em relação à nossa essência é uma *decisão*. O importante é ter clareza de que, agindo ou não de acordo com aquilo que acredita, você não vai agradar a todos, terá altos e baixos e se questionará sobre o seu *"modus operandi"* e os resultados que alcança por meio dele do mesmo jeito.

Ouvi a vida inteira de minha mãe um sonoro "você não é todo mundo". Hoje, reconheço que não sou mesmo, ninguém é. E mais: eu não sou todo mundo e não sou para todo mundo.

ESCOLHA SER VOCÊ

Sempre que começo uma apresentação, seja em uma reunião ou uma palestra, e as pessoas lançam aquele olhar ou criam a expectativa de "quem é você na fila do pão" eu começo dizendo:

Eu sou a Carol Manciola. É isso.

Dou aquela pausa, avaliando os olhares, e continuo.

Eu sou eu na minha melhor versão possível, com toda intensidade que me cabe. Existe uma frase da Frida Kahlo que diz o seguinte: "Onde não puderes amar, não se demores". Eu parafraseei ela e escrevi a seguinte frase: "Onde eu não puder ser eu, que não me demore". Eu sou a Carol Manciola e estou aqui. Espero me demorar o tempo suficiente para poder permanecer.

E sigo a pauta.

Se precisar pisar em ovos, prefiro não ficar. Fingir, disfarçar, dissimular, parecer... definitivamente, eu nasci para ser!

"Mas, Carol, esse excesso de autenticidade não atrapalha?"

Pode ser que assuste, que gere rejeição, mas prefiro, desde o começo de qualquer relação, me transbordar.

No primeiro encontro com meu primeiro marido, eu estava vestida com uma camiseta de Caetano Veloso, calça jeans, tênis e não usei qualquer tipo de maquiagem. Quando conheci o Marcus, meu atual e último marido (ele vai adorar essa parte), eu estava de camiseta branca, saia largada, sandália de dedo e também sem nenhuma maquiagem.

Ir ao meu estilo, sem disfarce, pode parecer uma tática arriscada para quem está querendo conquistar. Mas muito cedo compreendi que era eu que precisava ser conquistada.

Melhor estar na minha versão usual, se é com ela que as pessoas com as quais *eu* decidi permanecer irão conviver.

Para mim, é melhor nem começar o que não tem chance de durar.

E sabe qual a melhor parte disso tudo? Quando posso ser eu, estou por inteira, dou o meu melhor, transformo um mais um em mais do que dois, faço a diferença na vida de quem está ao meu redor, gero impacto positivo e *sou feliz*.

Em um mundo onde podemos ser quem quisermos ser, escolho ser eu mesma.

SAINDO DO ARMÁRIO

Nem sempre foi assim. E passei muito tempo "dentro do armário".

Lembro-me muito bem do dia em que uma cliente me ligou, um dia antes de um treinamento, para me passar um *briefing* sobre como eu deveria me comportar:

"*Então, Carol. Nosso posicionamento é premium, lidamos com público AAA. Vou precisar que você contenha seus palavrões, evite questões polêmicas, não dê gargalhadas altas, pois aqui condenamos esse comportamento. E, ah, por favor, não vá de unhas vermelhas, nem de nenhuma cor chamativa. Prefira uma cor neutra*".

Corri para o salão de beleza para trocar a cor das unhas e passei as oito horas do treinamento me controlando.

Foi um desastre! Não consegui me conectar com o público, me economizei e o resultado final foi "uma aula sem sal nem açúcar", que, além de *blasé*, não gerou impacto.

Depois de culpar a cliente, refleti um pouco mais e concluí: não devia ter aceitado sua orientação, ou melhor, não devia estar lá. Aquelas pessoas, simplesmente, não me mereciam. Na verdade, mereciam minha melhor versão, que só se manifesta quando posso ser eu mesma.

Ao dizer "merecer" aqui, não tenho o intuito de parecer arrogante do tipo "sou demais para esse povo". Foi merecer no sentido de oferecer condições favoráveis.

Dali em diante, decidi não estar onde eu não caibo.

Sou do tipo que não se deforma para caber, eu me esparramo.

Fazendo uma retrospectiva, foram muitas as situações em que, de tanto me esforçar para caber, eu me deformei.

Eu tentava disfarçar meu sotaque soteropolitano, ficava oito horas de pé de salto alto em um treinamento para parecer mais poderosa, usava roupas desconfortáveis para parecer elegante, deixava meu cabelo solto para não "parecer menina de rabo de cavalo", cruzava as pernas feito mocinha e vivia com cãibra.

AUTOCONFIANÇA

Como diria meu ídolo maior, Caetano Veloso, "cada um sabe a dor e a delícia de ser o que é".

Então, percebi que ser eu mesma custava caro. E eu pagava à vista.

Mas, percebi, também, que não ser eu custava mais caro ainda, só que, como pagava em prestações, que durariam o resto da minha vida, muitas vezes, eu não sentia.

A minha autenticidade responsável está alicerçada à minha confiança. Confiança é a base das relações e a maneira como me relaciono comigo importa, por isso grito aos quatros cantos:

- Confie na sua *loucura*
- Confie no seu *poder*
- Confie na sua *história*
- Confie no seu *impacto*
- Confie na sua *força*

CONFIE NA SUA LOUCURA

Existe uma frase de Nietzsche, que diz o seguinte:

"*E aqueles que foram vistos dançando foram julgados insanos por aqueles que não podiam escutar a música*".

Muito mais que dançar conforme música é preciso compor sua própria música ou, minimamente, escolher a música que se deseja dançar.

Se estão criticando sua loucura, persista. Logo, estarão te aplaudindo. =)

O problema é que de tanto ser julgada como louca, muita gente desiste, torna-se "normal", perde sua essência, seu brio, e não conquista seus objetivos.

De vez em quando, ainda me pego tentando ser normal. Então, lembro-me dos meus sonhos e do impacto que desejo causar no mundo e enlouqueço novamente.

O rolé é seu.

A música toca quando você dá o *play*. Mas, se for boa, bem executada, vai contagiar e logo muitos outros estarão dançando seu *hit* de sucesso.

Você é louca até fazer sucesso. Depois que faz, torna-se visionária.

CONFIE NO SEU PODER

Quero?

Posso?

Devo?

Cresci ouvindo meu pai me orientar a me fazer essas três perguntas sempre que me via diante de um dilema.

- Querer tem a ver com desejo.
- Poder tem a ver com capacidade.
- Dever é sobre moral, ética, impacto causado no mundo ao redor.

Quando existe desejo e o impacto é positivo, poder será uma questão de decisão.

Pode ser que você não possa ainda. Agora.

Mas confiar no seu poder é confiar na sua capacidade de aprender. E essa é a competência mais importante em um mundo que muda em uma velocidade exponencial.

Aquilo que o trouxe até aqui, quase sempre, é insuficiente para levá-lo mais longe. Se nascemos para evoluir, teremos de revisar nossa bagagem.

Isso não significa que será fácil ou que tudo vai dar certo, mas você pode. Confie na sua capacidade.

Entenda seus limites e desafie-se a superá-los... ou não.

Banque seu rolé.

Felicidade é um objetivo? Para mim, não. Felicidade, para mim, é o caminho. É como me sinto e como escolho estar ao longo da jornada. Para ser feliz, é preciso amar o que se tem, apender com tudo e manter um olhar sobre a vida muito mais contemplativo do que pragmático.

Sucesso é o objetivo? Sempre. Mas sucesso é algo que só você pode medir. Ter sucesso é alcançar algo que se desejou e sobre o qual sua responsabilidade é mais impactante do que a sorte.

Pense no que realmente importa. Foque o que realmente importa... ou não.

Siga as regras, ou não. Seja feliz, ou não. Seja você, ou não.

A ditadura do "você tem que" é recheada de discursos vazios sobre "tudo é possível, basta querer".

Você não "tem que" nada, mas você pode tudo.

CONFIE NA SUA HISTÓRIA

Não compare seu bastidor com o palco do outro. Quem vê close, não vê "corre".

Leva-se muito tempo para fazer sucesso da noite para o dia.

Leva-se muito tempo para se construir um resultado consistente e sustentável.

Amplie seus horizontes. Defina seus objetivos e rale, rale muito. Entre o plantio e a colheita existe o cultivo.

Há momentos em que preciso me beliscar para acreditar que estou mesmo vivendo algumas situações.

Nasci em uma família de classe média, mas a separação dos meus pais me tornou meio "terra de ninguém" muito jovem. Estudei em escola boa, mas escondia a calça "sem marca" com um blusão. Não ia às excursões, os livros eram usados e só participei da formatura do ensino médio porque trabalhei na comissão de formatura.

Levei dois anos para entrar na faculdade, que tinha de ser pública ou nada. Estudava de manhã e trabalhava à tarde para pagar o cursinho.

Fazia faxina no local do meu primeiro estágio, porque as quatro diárias da faxineira me ajudavam a completar a renda para pagar o aluguel de um apartamento cheio de goteiras.

Fui Noelete (assistente de Papai Noel) em shopping center, vendedora, agente de pesquisa do IBGE (sim, eu era a chata do censo), panfletei na entrada de muita festa para entrar "de graça".

Eu tinha um carro velho que só usava em dias especiais, porque não tinha dinheiro para a gasolina.

Ralei muito e nunca reclamei de nada, pois, para mim, isso se chama vida. Mas sempre me peguei suspirando ao ver amigos "viajando para fora", ganhando carro zero com laçarote no capô, apartamentos bem decorados... Para mim, tudo aquilo era inalcançável.

Aos 29 anos de idade, fiz minha primeira viagem internacional paga em dez vezes no carnê. De lá para cá, perdi as contas de quantas vezes fui para o exterior. ==Em alguns momentos, ainda é difícil acreditar que a vida que vivo é minha.==

Parece que a Carol de 1999, vira e mexe, encontra a Carol de hoje e diz: "Está vendo como ia valer a pena?!"

Costumo dizer que, se existe um "chegar lá", estou fazendo o caminho de volta. Não porque tenho tudo o que um dia sonhei, mas porque aprendi a contemplar as oportunidades e a agradecer sempre. Aprendi a confiar na minha história, na história que eu estava escrevendo.

==Viva seu rolé.==

Maturidade tem a ver com isto: entender que a vida vai além de qualquer comparação.

A Monique Evelle tem uma frase incrível: "Não compare seu início com o meio de ninguém". Gosto dela por diversos motivos, o principal deles é que acredito que sempre dá para começar agora e fazer um novo fim.

CONFIE NO SEU IMPACTO

Você não precisa se apequenar sendo grande.

==Pare de pedir desculpas por cuidar de você, por expressar o que sente, por priorizar sua família, por dizer não, por ser você mesma, por ser incrível.==

Pedir desculpa excessivamente pode indicar uma baixa autoestima, não aceitação ou medo de conflitos. Pessoas que vivem pedindo desculpa por tudo são vistas como não assertivas, não confiáveis e inconsistentes.

==Valorize seu rolé e conviva com sua posição.==

Mantenha por perto quem o valoriza. Isso não significa que as pessoas ao seu redor precisam aceitar ou concordar com todas as suas atitudes. Elas só precisam respeitá-las.

Eu não sei de onde a gente tirou essa mania de assumir a "síndrome da impostora".

Não sei por que, muitas vezes, a gente fica "pagando de humilde" em vez de apenas dizer um simples "obrigada".

Não sei por que a gente se incomoda de dar conta de muita coisa, de ter uma entrega acima da média e, ainda assim, manter a "força na peruca".

Você pode até não ser a *"the best"* em tudo, mas reconheça seus pontos fortes, explore suas fortalezas e não tenha vergonha de achar "simples" o que muita gente acha complicado. Confie no seu impacto.

Pare de pedir desculpas por ser foda.

Você não tem de baixar sua régua para se sentir "normal", incluída ou ser aceita. Você precisa é inspirar outras pessoas a subirem seu sarrafo!

Muita gente vê as pingas que tomamos, mas não sabe os tombos que levamos. Reconheça seu bastidor e assuma seu lugar no palco.

CONFIE NA SUA FORÇA

Eu me basto. E tem mais: sou bem resolvida. Sou forte. Fui forjada.

Nunca pensei em usar essas expressões. Ainda mais em uma única conversa. Estava a caminho de casa com uma amiga e, enquanto ela me contava todos os seus perrengues, eu refletia sobre os meus. Eram os mesmos. A diferença entre nós duas parecia ser que eu confiava na minha força e ela buscava força em sua comunidade.

E depois que deixei ela em casa e segui meu caminho, um diálogo interno tomou conta de mim. As afirmações deram lugar a perguntas. Eu comecei a duvidar da força que eu tinha acabado de concluir que eu tinha.

"Como assim? Cadê a menina chorona? Quando a chave virou? Por que virou?"

E quando, enfim, veio a pergunta "sou forte assim mesmo?", a certeza apareceu.

Sim, eu sou.

Eu me basto! Isso não significa que não precise de ninguém, que não goste de pessoas, nem de estar com pessoas. Isso significa que me sinto completa. Plena. O outro me transborda e me faz transbordar. É uma decisão estar onde estou e com quem estou.

Eu sou bem resolvida. Dilemas surgem, sempre. Inquietações definem meu ser. Mas não consigo ficar muito tempo parada em uma mesma questão. Eu resolvo. É, é. Não é, não é. Dá, dá. Não dá? Próxima.

Eu sou forte. Em parte, porque não tive muita escolha. Eu me vi sozinha muito cedo. Para sobreviver, me fortaleci. Isso não me enrijeceu. Pelo contrário: minha flexibilidade, minha capacidade de adaptação e minha resiliência me tornaram esse ser antifrágil. Muitas vezes, fui empurrada para o fundo do poço. Quando percebia que o poço tinha fundo, eu pegava impulso e emergia.

Eu fui forjada. Eu me tornei. Eu me torno. Eu decidi ser o que sou. E me lapido diariamente para me tornar uma melhor versão de mim mesma.

Nada disso me torna insensível, imbatível ou melhor do que ninguém. Eu sinto medo, mas decido ir e assumo o rolé se não vou.

No "jogo da vida", da minha vida, dou as cartas e decido as próximas jogadas. Saber que sempre existem opções, que a escolha é minha e que conviver com os resultados das escolhas também me liberta. E o melhor disso, saber que, como diria meu amigo Eduardo Zugaib, para cada *"game over"*, existe um *"try again"* me dá asas.

Trago sempre comigo a frase de Sartre: "Não importa o que fizeram de mim. O que importa é o que eu faço com o que fizeram de mim".

==Eu evoluo ao ponto de as pessoas terem que me conhecer a cada encontro.==

Ação naquilo que eu posso controlar. Adaptação diante daquilo que preciso aceitar. Evolução sempre.

POSICIONE-SE

Olhando ao meu redor, conversando com pessoas o tempo todo, percebo que esse é um tema que vive na pauta, às vezes, de forma mais explícita, outras de forma velada.

A alta exposição provocada pelas redes sociais e estimulada por *likes*, comentários e compartilhamentos, a competitividade do ambiente organizacional que privilegia quem fala o que pensa ao mesmo tempo que valoriza quem concorda com tudo, o desafio de encontrar o "par perfeito" aceitando o que vier ou impondo suas regras logo no início são algumas situações que geram a necessidade de um posicionamento, não somente diante de uma situação específica, mas da vida.

Até mesmo porque, posicionar-se de formas diferentes, por vezes antagônicas, em contextos diversos, pode sugerir, em um primeiro momento, flexibilidade ou que você é do tipo que "dança conforme a música", mas isso cansa e provoca confusão em nós mesmos e naqueles que nos cercam.

E pense bem: qual o problema de não gostar de certo tipo de música? De se recusar a dançar algum tipo de música? Ou até de não saber dançar?

Esse tipo de atitude também não deve sugerir a adoção de algo comumente chamado de "síndrome da Gabriela" *(eu nasci assim, eu cresci assim, eu sou mesmo assim, vou ser sempre assim)*.

==O ponto aqui é flexibilizar o comportamento contanto que ele não interfira em nossos valores. É reconhecer nossos valores e, simplesmente, vivê-los. É também, em algum momento, criar a música que se quer dançar ou amar o silêncio. É respirar fundo e aceitar que pessoas vem e vão, que felicidade pode incomodar, que sua opinião não vai ser sempre aceita, mas que, no final das contas, a única pessoa a quem você deve satisfação é você mesmo.==

Alguns trechos do livro *A arte da imperfeição* de Brené Brown reforçam as minhas crenças e o que estou tentando expressar por meio deste capítulo:

"Assumir o nosso percurso pode ser duro, mas não é, nem de perto, nem de longe, tão difícil quanto passar nossa vida a fugir disso. (...) Assumirmos a nossa história e amarmo-nos a nós mesmos ao longo desse processo é o ato mais corajoso que algum dia realizaremos."

Se você quer liberdade, paz de espírito, se possui consciência do impacto das suas atitudes e se está preparado para encarar as consequências de suas decisões, então, talvez, só lhe falte coragem.

As melhores mudanças que promovi em minha vida aconteceram não quando achei que algo estava ruim, mas quando tive a certeza de que merecia algo melhor. E isso só foi possível quando me reconheci e passei a desejar conviver comigo mesma.

Você não precisa ser gostável, nem aceitável, muito menos, tolerável. Você precisa ser você.

CRIANCICE

"Não importa a idade que temos,
há sempre um momento
em que é preciso chamar um adulto"

MARTHA MEDEIROS

· QUANDO FOI QUE VIREI ADULTA? ·

Sentada no chão da sala, eu terminava de arrumar as mochilas da escola dos meninos e um sentimento estranho começou a tomar conta de mim. Senti minha testa franzir daquele jeito que ficamos quando surge uma dúvida gigante.

Parece que foi outro dia que eu estava radiante com o cheiro de caderno novo, com meu estojo multicoisas (daquele que a gente apertava e surgia de tudo), com minha mochila lilás com borda colorida (um sonho que juntei dinheiro para realizar) e minha calça sem marca, indo para a escola. Para a oitava série, na época. *Era o ano em que eu poderia sair do colégio no intervalo (os fortes entenderão). E eu pensava:*

Será que um dia vou concluir o ensino médio? (Física é tão incompreensível...)

Será que vou conseguir entrar em uma faculdade? (A concorrência é tão desumana e eu só tenho a opção de uma universidade pública...)

Será que um dia eu vou casar? (Os meninos são tão pouco românticos)

Será que um dia eu vou viajar para o exterior? (É tudo tão caro...)

De repente, um monte das minhas angústias passadas começa a surgir e eu vi aquela menina desengonçada, comunicativa, cheia de sonhos e medos, olhando para o horizonte e, com toda a melancolia típica da adolescência, questionando-se: o que mesmo eu vim fazer neste mundo?

Depois de tanto divagar, voltei para o chão da sala. Da minha sala, com meus móveis, no apartamento que comprei com meu marido. Aliás, o segundo apartamento que comprei, com meu segundo marido. Ai, meu Deus! Eu já casei, descasei e casei de novo. E fiquei grávida duas vezes... passei dezoito meses com bebês na minha barriga e hoje sou responsável por duas vidas. Duas não, várias. Tenho uma empresa, tenho empregados, gero renda, assim como frustrações. Sou inspiração para algumas pessoas e, provavelmente, o pesadelo de outras.

Caramba! Eu posso tomar decisões, qualquer uma. E tenho condições de implementar a maioria delas.

Deitei no chão. Tudo rodava ao meu redor. Um misto de sentimentos tomou conta de mim de uma forma avassaladora.

"Quando foi que virei adulta?"

Parece que foi ontem.

Minha mãe reclamando que eu não saía do telefone, tardes dedicadas a escrever cartinhas em papel de carta para as amigas, a ansiedade para a viagem de final de ano com meus pais, quando a gente ia de carro para algum lugar por perto (mas que não chegava nunca).

Suspirei fundo! Lembrei da minha primeira viagem internacional, paga em dez vezes sem juros no boleto da CVC. Paris! Tudo parecia um sonho. A primeira viagem à Disney (a trabalho) e eu pulando na cama sem acreditar que estava ali.

E um milhão de outras coisas foram surgindo, quase me atropelando. Quantas conquistas, quantas noites sem dormir, quantas vontades de sumir, quantas vontades de aparecer... Nossa! Quase 23 horas e ainda preciso mandar dois e-mails... Nossa, eu trabalho. Lidero pessoas, projetos. Convenço empresas a pagar milhões confiando na minha capacidade de entrega. Será que essas pessoas sabem quem sou eu? Sabem que eu ainda me sinto tão... tão sei lá o quê? Será que sabem que me questiono o que é essa "adultice" que tomou conta de mim?

Preciso escrever sobre isso. Adoro escrever. Compartilhar. E as pessoas leem. Comentam, compartilham, criticam... Sim, tem gente que me detona. A maioria não na minha frente. E tem gente que sente inveja de mim. Hahahaha. Inveja de mim? Logo eu, tão sempre em dúvida e tão sempre cheia de certezas? Logo eu, que me sinto tão... tão sei lá o quê?

==Quando foi que virei adulta?==

Acho que esse é o tipo de questionamento que só gente adulta se faz, né?

23h23, faço um pedido (isso é coisa de adulto?). Dou uma risada alta, mas depois me controlo com medo de acordar as crianças.

Hoje, entendo a letra de Pais e Filhos, do Legião Urbana:

> *"Sou uma gota d'água*
> *Sou um grão de areia*
> *Você me diz que seus pais não lhe entendem*
> *Mas você não entende seus pais*
> *Você culpa seus pais por tudo*
> *E isso é absurdo*
> *São crianças como você*
> *O que você vai ser*
> *Quando você crescer?"*

Eu posso até ser adulta, mas a criança dentro de mim continua a mesma: inquieta, curiosa, sorridente, comunicativa e "aprontona". Mas, na vida adulta, isso tem outros nomes, são competências. Algumas diferenciadoras. E elas fazem de mim quem eu sou.

No fim das contas, todo mundo se questiona, talvez não sobre sua adultice, mas sobre se está fazendo a coisa certa, se vai dar conta, como ir adiante. A criancice fica de lado, quando assumimos esses questionamentos e agimos independentemente das respostas.

Isso está em poesia, isso está na terapia, está em música. São 23h30 e a música do Gonzaguinha virou chiclete na minha cabeça:

"Eu apenas queria que você soubesse
Que aquela alegria ainda está comigo
E que a minha ternura não ficou na estrada
Não ficou no tempo presa na poeira
Eu apenas queria que você soubesse
Que esta menina hoje é uma mulher
E que esta mulher é uma menina
Que colheu seu fruto, flor do seu carinho"

Tenho certeza de que bateu em você agora e que várias das minhas perguntas se tornaram também suas constatações.

A vida está passando. O tempo está passando. A gente não tem muita alçada sobre o que tempo faz com a gente, mas podemos decidir como viver o nosso tempo que, afinal de contas, é sempre o *agora*.

Tive a oportunidade de conhecer, no início da minha carreira, a palestrante Dulce Magalhães. Uma mistura de maga e fada, ela sempre dava o seguinte exemplo usando o relógio: "A cada tique, a cada taque, a cada segundo, o relógio nos diz menos um, menos um". Segundo sua sabedoria, "a morte é o auge da vida (...) a gente nasce para morrer (...) por isso, é importante que a gente viva cada dia como este dia, como único dia e como último dia".

23:35. Já apontei todos os lápis do estojo, preparei as lancheiras e fiquei pensando que virar adulta talvez seja atingir mais um marco da vida (como criar crianças capazes de arrumar suas próprias mochilas). Isso não significa que devamos deixar as outras fases para trás, mas, sim, carregá-las conosco, nos permitindo imprimir no contexto atual os sonhos, as ansiedades, as angústias, os medos, os desejos das fases passadas.

23:38. Depois mando os *e-mails*. Preciso dormir. Amanhã tenho um longo dia de adulto pela frente.

CONGRUÊNCIA

"Não poderá encontrar nenhuma paixão
se te conformares com uma vida
que é inferior àquela que és capaz de viver"

NELSON MANDELA

· NOVAS ASPIRAÇÕES, NOVAS INSPIRAÇÕES ·

Um ser humano adulto inspira cerca de 20 vezes por minuto. Durante o dia, são cerca de 28.800 inspirações. Esse é um processo vital e complexo, um longo caminho que o ar tem a percorrer até chegar aos pulmões. É por aí que tudo começa: ao nascer, inspiramos pela primeira vez; ao morrer, expiramos pela última.

Siga em frente. Prometo que esse texto não é um tratado sobre a fisiologia do corpo humano, tampouco sobre suas estatísticas. O que quero provocar aqui é uma reflexão sobre algo inerente à nossa existência e primordial ao nosso desenvolvimento: NOSSO DESEJO POR MAIS.

Guimarães Rosa tem uma frase que diz o seguinte: "O animal satisfeito dorme". Mário Sérgio Cortella, movido por essa constatação, escreveu um livro intitulado "Não nascemos prontos" com provocações filosóficas sobre o tema. Eu o retomo com meu olhar inquieto, pragmático e contemplativo ao mesmo tempo, sob a perspectiva das *inspirações* que buscamos quando temos novas *aspirações*.

Novas aspirações requerem novas inspirações.

Nosso sentir, nosso pensar e nosso agir precisam estar em linha. Isso é ser congruente.

Parece tão óbvio, mas, mais uma vez, o cotidiano nos mostra que vivemos agindo em *looping*. Por vezes, observo pessoas repetindo a mesma cena com personagens diferentes. Diferentes no nome, na aparência, mas iguais nas crenças, nas atitudes, nos estilos. É como uma refilmagem que leva a história sempre ao mesmo final.

No entanto, apesar de agir no mesmo *modus operandi*, essas pessoas desejam resultados diferentes:

"Eu quero ser mais feliz"
"Desejo trabalhar em um lugar onde haja reconhecimento"
"Quero ganhar mais"

Para que os objetivos não se tornem devaneios, é importante buscar fontes que estejam alinhadas ao novo propósito, à nova vida que se deseja viver. É claro que existe uma alta probabilidade de dispersão em meio a tanta informação que temos disponível hoje, mas, para isso, é preciso foco.

Foco tem a ver com se concentrar no seu rolé e, para isso, decidir o que não pode mais fazer parte dele.

As nossas listas costumam ser as de desejos. Minha sugestão é fazer, também, uma lista daquilo que nós não queremos, daquilo que não cabe mais, que não faz sentido. Tirando da frente o que atrapalha, a gente limpa o terreno para o que agrega.

==Se criar é limitar-se, evoluir é saber o que deixar para trás.==

É preciso se rodear de novas inspirações e isso significa outros livros, outras pessoas, outras referências. Cerque-se daquilo que tem mais conexão com seu objetivo do momento. Respire coisas boas, novos conhecimentos. Preencha sua vida com aquilo que o impulsiona rumo a seus sonhos.

Fazendo uma analogia com a tecnologia, uma nova versão vem com novos recursos. Para fazer esse *update*, alguns programas precisam ser desinstalados, *bugs* tem de ser corrigidos e considerar a experiência do usuário sempre fará a diferença. Nesse caso, o usuário da vida é você e toda a programação é sua.

Às vezes, estamos rodando três programas diferentes por preguiça de baixar um programa novo, por desconhecer alternativas, por não querer pagar o preço por algo que nos ajudará a economizar tempo, por não desejar lidar com o novo. E vamos nos adaptando "ao que tem para hoje".

Diante de qualquer enrosco, alguém cita Darwin, lançando a célebre frase: "Não é o mais forte que sobrevive, é aquele que melhor se adapta". E distorce todo o conceito de evolução da espécie, fazendo o que, na Bahia, chamamos de "armengue" e, em muitos outros lugares, de "gambiarra". E, nesse vai e vem sem fim, a gente cansa e passa a conviver com o que "está dado".

Adaptar-se a uma vida mais ou menos, a um casamento mais ou menos, a um trabalho mais ou menos o impede e deforma. Muitas vezes, o "que tem para hoje" não nos serve na construção do amanhã que queremos viver.

Se você quer algo novo, se tem objetivos maiores, precisa de fontes de inspiração à altura. Algumas pessoas insistem em tentar conquistar novos patamares de sucesso usando os mesmos recursos. Isso é loucura.

É bom olhar para trás e se vangloriar das suas realizações, assim como é bom olhar para frente e perceber que existe um mundo de possibilidades.

Confinados em nosso mundinho, perdemos um mundão de oportunidades. Acho que essa minha inquietação é reflexo reverso da música que inspirou meu nome: Carolina, de Chico Buarque. Aquela frase "o tempo passou na janela e só Carolina não viu" me alucina. Talvez seja por isso que, toda vez que algo me incomoda, eu pergunto para mim mesma:

"O que eu não estou conseguindo ver?"

É preciso estar atento ao que ocorre à nossa volta, extrair o melhor daqueles que admiramos, aprender com erros e acertos e estar preparado para colher aquilo que se plantou e cultivou. Sabe aquela frase "espere o melhor, prepare-se para o pior e aceite o que vier"? A minha versão dela é assim:

"Trabalhe para conquistar o melhor, tenha um plano B para o caso de acontecer o pior e se prepare emocionalmente para lidar com o que você não conseguiu prever"

O medo do novo sempre vai existir, mas isso não pode ser um empecilho às nossas aspirações. O medo precisa ser positivo, afinal, ele tem um papel de regulador para nos proporcionar o movimento necessário à nossa evolução. Ele contribui para que determinemos a intensidade das nossas ações e nos forcemos a tomar uma atitude. Agir é atuar no presente para criar o futuro.

É preciso saber o que se quer, mas, também, saber o que não se quer. É preciso reconhecer o que incomoda. Se você se conforma, muitas vezes, você se deforma.

O presente é o que temos em mãos para fazer nossa história. É nele que precisamos operar buscando novas inspirações que nos guiem ao nosso destino, às nossas novas aspirações. ==Um novo contexto pede uma nova identidade. Uma nova identidade está alicerçada em crenças que a fortalecem, em capacidades que sustentam as crenças e em novos comportamentos.==

Por exemplo:

"Quero ser promovido a líder"

Para viver em um contexto em que lidera uma equipe, você precisa se tornar líder.

Como líder, a crença no "do meu jeito é sempre melhor" ou no "sozinho se faz mais rápido" precisa ser ressignificada. Como líder, é preciso desenvolver as crenças de que "várias cabeças pensam melhor que uma" e "juntos vamos mais longe", por exemplo.

Como líder, você precisará desenvolver algumas capacidades como trabalho em equipe, influência e planejamento para se tornar um especialista em gente, capaz de inspirar, orientar e apoiar o time a entregar bem e nos prazos acordados.

Para isso, precisará se comportar de forma diferente, ampliando sua visão sobre o trabalho do time, desenhando estratégias e definindo táticas de ação.

Se você não ressignificar as crenças, não se sentirá estimulado a adquirir as novas capacidades e, com isso, será incapaz de praticar novos comportamentos.

Se focar apenas na mudança de comportamento sem o desenvolvimento de capacidades, seus resultados poderão não ser positivos, pois, apesar de estar fazendo a coisa certa, você poderá não fazê-la do jeito certo. Isso vai reforçar as crenças antigas e, mesmo ocupando o cargo de chefe, você não terá se tornado um líder.

O resto da história você pode imaginar, certo?

	ATUAL	DESEJADO
IDENTIDADE	Subordinado	Líder
CRENÇAS	"Do meu jeito é sempre melhor"	"Várias cabeças pensam melhor do que uma"
	"Sozinho se faz mais rápido"	"Juntos vamos mais longe"
CAPACIDADES	Especialista na função	Especialista em gente
	Entregar bem e rápido	Inspirar, orientar e apoiar o time a entregar com qualidade e no prazo acordado.
COMPORTAMENTOS	Focar na sua tarefa	Ampliar a visão sobre o trabalho do time
	Passar a bola redonda para os colegas	Desenhar a estratégia e definir a tática para o time
CONTEXTO	Membro de uma equipe	Líder de uma equipe

Quando aspiramos por algo novo, maior e melhor, precisamos respirar novos ares, pegar fôlego e até suspirar. É preciso haver correspondência entre o que somos, o que desejamos ser e o que fazemos entre um estado e outro. Essa congruência nos permite mais aceitação, compreensão e respeito sobre nós mesmos, ao mesmo tempo que nos desafia a testar nossos limites para que possamos expandir nosso eu.

Existem limites para ter, mas não existem limites para ser.

Sabendo aonde se quer chegar, é muito mais fácil decidir por qual caminho seguir e quais obstáculos estamos dispostos a superar. É nessa hora que você deixa de ser refém do destino e passa a protagonizar sua própria história.

Por vezes, as possibilidades são mais empolgantes do que as certezas.

ASSISTINDO A PRÓPRIA VIDA

Tudo começou com *Game Of Trones*. A hashtag #got invadiu minha time line de todas as redes sociais e eu me senti um ET.

Quando entendi o que era, ouvi de várias pessoas:

Você TEM que assistir. É uma lição de liderança, estratégia, trabalho em equipe, influência e todas as outras competências requeridas na vida.

(ok, eu estou exagerando, mas é de propósito).

Talvez pelo fato de minha percepção seletiva ter ficado mais ativada ou pelo fato das séries terem definitivamente substituído o hábito nacional de assistir novelas, toda semana alguém me indica alguma nova série.

O mais interessante é que quem assiste séries curte a emoção da história, mas quase sempre justifica o tempo dedicado a isso como a possibilidade de aprender algo.

E é claro que faz todo sentido!

Você se envolve com os personagens, aguarda ansiosamente os desdobramentos, fica bravo quando alguém desliza, vibra com as conquistas e até teme pela vida de alguns personagens (pra alguns você acaba desejando um final trágico). A cada capítulo uma nova lição e assim o protagonista vai evoluindo na trama.

Aposto que a essa altura você me considera uma viciada em série, certo?

Confesso que até gostaria de assistir algumas, mas com 2 filhos pequenos, empresa em crescimento, marido querendo atenção, uma pilha de livros que preciso ler e mais alguns que quero escrever, eu preciso fazer escolhas e, definitivamente, assistir séries não está entre elas.

O meu rolê aqui é outro.

==E se as pessoas assistissem suas próprias vidas como se elas fossem uma série, será que aprenderiam mais fácil ou rapidamente algumas lições?==

Todos os dias acordamos para um novo capítulo. Todos os dias desdobramos nossas histórias.

Todos repetimos padrões: uns que nos levam ao sucesso, outros ao fracasso. O desafio é reconhecê-los.

E você pode pensar nas temporadas: infância, adolescência, "o vestibular", "a busca pelo primeiro emprego", "casamento" e por aí vai.

Imagine-se como o protagonista. Observe o cenário. Os personagens e seus "núcleos", pense nos figurantes, no estilo. Sua vida seria uma comédia romântica ou um drama?

==Existem muitas lições que a vida ensina, mas nem todos aprendem.==

O bom de assistir a nossa própria vida é que somos roteiristas, diretores e, ao mesmo tempo, protagonistas. E nela não precisamos interpretar.

Ah tá, você pode estar pensando, *mas na série eu sei o que pensam e falam outros personagens. Suas tramas são explícitas.*

Na sua série, você escolhe quem contracena, quem figura, quem entra e quem sai e quanto tempo cada história vai durar.

Por aqui só não dá pra rebobinar (isso ainda existe?) ou gravar pra assistir mais tarde. A vida é um streaming que fica registrado na memória.

Tem que viver todo dia um novo capítulo sem esperar pelo final feliz e reconhecer sempre que não dá pra voltar atrás e fazer um novo começo, mas dá pra começar agora e fazer um novo fim.

CONTROLE

"Ninguém é igual a ninguém.
Todo ser humano é um estranho ímpar"

CARLOS DRUMMOND DE ANDRADE

· VOCÊ TAMBÉM É GENTE ·

Dias sim, dias não, dias talvez.

Antes e depois. Agora e nunca. Para sempre em mutação. A gente também é gente e cada dia a gente é um.

É insano se fixar em um único eu quando dentro de nós vivem muitas versões.

É importante respeitar esse compasso, viver nesse descompasso e se encontrar em um esbarrão. Durante uma viagem, deparei com essa placa e ri de nervoso.

RELAXA
NADA ESTÁ SOB CONTROLE

Detesto perder o controle, detesto me sentir fora do controle, mas, na real, "nada está sob controle".

É preciso desenvolver serenidade para aceitar as coisas que não podemos modificar, coragem para modificar aquelas nas quais podemos atuar e sabedoria para distinguirmos umas das outras.

Diante de alguns dilemas, por vezes, me pergunto:

"Com que tipo de problema quero lidar agora?"

Ao reconhecer que não tenho todas as respostas, eu me permito fazer novas perguntas. Isso me faz reconhecer minha humanidade, minha vulnerabilidade.

RECONHEÇA SUA HUMANIDADE

A correria da vida, muitas vezes, faz com que eu cuide de tudo e esqueça de mim. Trabalho, filhos, clientes, marido, casa, a ONG que precisa de ajuda, os colegas do mestrado que esperam a resenha, o colega de trabalho que espera resposta no WhatsApp... a pressão é grande. E basta me desconectar só um pouquinho para que ela aumente:

"Cadê você que ainda não me respondeu?"

"E nosso almoço?"

"Qual seu feedback sobre a turma da semana passada?"

"Você conseguiu falar com a profissional que indiquei?"

E, nessa avalanche de cobranças, aumenta o número de mensagens não lidas ou não respondidas, de ligações não atendidas e de encontros não marcados ou cancelados às vésperas. Todas essas coisas que ficam para depois são sinais para o que tem de acontecer agora, afinal ==de depois em depois a gente perde o agora.==

==Algumas vezes, a vida nos dá um tapa na cara. Noutras, uma surra na alma.==

Os "tapas na cara" doem, nos expõem. As surras na alma são as reflexões profundas, que alteram nosso funcionamento.

Não devemos confundir intensidade com densidade. Intenso é profundo, impactante. Denso é pesado.

Encontrar a leveza nesse processo é condição essencial para ir na direção desejada, aproveitando a jornada. Para isso, precisamos nos colocar em pauta.

Assim como queremos que o mundo se torne mais humano, é preciso compreender que *nós* também somos humanos e, às vezes, é preciso silenciar o mundo e se concentrar no seu rolé.

O PONTO DE VISTA É O PONTO DA QUESTÃO

A gente se mostra forte, exibe o sucesso e, sim, por algum momento, é ele que predomina, é a felicidade que reina, mas, como diz um trecho da música do Cidade Negra, "você não sabe o quanto eu caminhei para chegar até aqui".

Aliás, a maioria das pessoas não sabe quase nada sobre nós! Não sabem que, muitas vezes, acordamos à noite por conta dos filhos pequenos. Não sabem que, vira e mexe, viramos a noite trabalhando para "dar conta" de tantas demandas. Não sabem que, antes de começar a festinha promovida no sábado, foi necessário varrer, passar pano, arrumar, ir ao mercado, cozinhar, pôr a mesa e, mais, não sabem que, na noite após a festa, fazemos tudo novamente, para que a casa esteja impecável para o café da manhã de cuscuz com ovo (clássico de domingo). Não sabem que muita gente não consegue assistir àquela série porque precisa ler e se manter atualizado, que se faz bem menos atividades físicas do que deveria. Não sabem de tanta coisa. E nem precisam saber...

O excesso de história que justifica o sucesso é cansativo. Todas as atividades que citei acima não são sacrifícios. Isso é vida.

==Palco é palco. Bastidor é bastidor.== E bastidor é bastidor exatamente porque fica atrás das cortinas.

Humanizar-se não é ter desculpas perfeitas ou tolerar erros. Humanizar-se é considerar a possibilidade do erro. É acolher e apoiar. É ouvir, sentir e permitir. É abraçar a alma do outro e não apenas para confortar, mas para contribuir, reconfigurar e inspirar.

==Reconhecer a sua vulnerabilidade é o que lhe permite existir. Precisamos ser mais tolerantes conosco, precisamos entender que é impossível ser perfeito – e tudo bem!==

Isso não significa ser menos ambicioso, esforçado ou efetivo. Significa compreender que dentro da gente há um pouco de tudo: sentimentos nobres e não nobres. Que, às vezes, você vai, sim, ser egoísta, avarento, pirracento, invejoso. Que você é um ser humano.

É como a história do lobo, contada pelos povos *cherokees*:

Certo dia, um jovem indígena cherokee chegou perto de seu avô para pedir um conselho.

Momentos antes, um de seus amigos havia cometido uma injustiça contra o jovem e, tomado pela raiva, o rapaz resolveu buscar os sábios conselhos daquele ancião.

O velho olhou fundo nos olhos de seu neto e disse: "Eu também, meu neto, às vezes, sinto grande ódio daqueles que cometem injustiças sem sentir qualquer arrependimento pelo que fizeram. Mas o ódio corrói quem o sente, e nunca fere o inimigo. É como tomar veneno, desejando que o inimigo morra".

O jovem continuou olhando, surpreso, e o avô continuou:

"Várias vezes lutei contra esses sentimentos. É como se existissem dois lobos dentro de mim. Um deles é bom e não faz mal. Ele vive em harmonia com todos ao seu redor e não se ofende. Ele só luta quando é preciso fazê-lo, e de maneira reta".

"Mas o outro lobo... Este é cheio de raiva. A coisa mais insignificante é capaz de provocar nele um terrível acesso de raiva. Ele briga com todos, o tempo todo, sem nenhum motivo. Sua raiva e ódio são muito grandes e, por isso, ele não mede as consequências de seus atos. É uma raiva inútil, pois sua raiva não irá mudar nada. Às vezes, é difícil conviver com estes dois lobos dentro de mim, pois ambos tentam dominar meu espírito".

O garoto olhou intensamente nos olhos de seu avô e perguntou: "E qual deles vence a luta, vovô?"

Ao que o avô sorriu e respondeu baixinho: "Aquele que alimento".

==Reconhecer-se humano é saber que dentro de nós vivem os dois lobos. Reconhecer-se humano é ter consciência de que nós decidimos qual deles alimentar. Reconhecer-se humano é perder o controle e poder retomá-lo.==

O desafio é realinhar as expectativas: as minhas e as que os outros têm sobre mim, afinal, "a gente sempre quer dar um jeito de dar conta de tudo". E quando cansamos? E quando perdemos o controle? E quando não somos tudo aquilo que esperam de nós?

Você me humaniza quando coloca sobre mim um olhar que vai além da sorte, que vai além do "berço", que vai além do seu recorte sobre minha realidade. Eu me torno humana quando reconheço minhas limitações.

Humanize-se e humanize suas relações. Permita ao seu coração vibrar e chorar e encontre na sua essência o desequilíbrio necessário para evoluir.

COMPAIXÃO

"A verdadeira compaixão não significa apenas
sentir a dor de outra pessoa,
mas ser motivado a eliminá-la"

DANIEL GOLEMAN

• EMPATIA VALE PARA TODOS OS LADOS •

- Qual foi a última vez que você tentou olhar o outro sob uma perspectiva mais ampla do que aquela que lhe servia em dado momento?
- Qual foi a última vez que você, antes de julgar, tentou compreender?
- Qual foi a última vez que você foi tolerante com algum "apressadinho" no trânsito pensando que podia ser alguém com algum problema?
- Qual foi a última vez que você reconheceu o esforço extra de alguém cheio de boas intenções, mas com pouca capacidade técnica?

Ao assistir ao filme *Coringa*, a reflexão sobre empatia ficou me martelando.

Como quase todas as pessoas que assistiram, fui altamente impactada. Saí remexida e fiz milhares de correlações com pessoas próximas que são verdadeiramente grandes vítimas do destino e da sociedade e que têm pouquíssima condição de enxergar possibilidades. Enfim, o filme embrulhou meu estômago, mas ampliou meu olhar. Li uns três ou quatro artigos que reforçavam essa perspectiva e classifiquei o filme como "obrigatório para quem precisa exercitar a empatia no seu sentido mais amplo".

Minhas reflexões acabaram me levando para outro lugar: às vezes, quem mais clama por empatia é quem menos a pratica.

Empatia vale para quem apanha e para quem bate. Antes de julgar é preciso fazer um esforço para compreender.

"Reconheça minha dor" é um pedido válido. Mas reconhecer a dor do outro também. Empatia vale para todos os lados.

A HISTÓRIA POR TRÁS DA HISTÓRIA

Empatia não é apenas reconhecer a dor do outro, mas conhecer a história do outro e respeitá-la.

==Ao conhecermos a história do outro, adotamos uma perspectiva diferente sobre suas atitudes. Seja uma história de sucesso, seja de fracasso.==

Lembro-me quando se discutia o fim da chamada "Cracolândia", uma região na cidade de São Paulo onde as pessoas se reúnem para comprar, vender e consumir drogas, sendo a principal delas o crack. A população taxava os frequentadores de "maloqueiros", "perigosos" e clamavam pelo fim daquele ambiente hostil. No meio dessa gente, encontraram Andreas Albert von Richthofen, irmão de Suzane von Richthofen, que matou seus pais em 2002.

A tragédia do rapaz encontrado sujo e em surto fez com que muitas pessoas passassem a questionar qual seria a história das outras pessoas que ali também estavam. Isso "amoleceu" seus corações e ampliou o nível de compreensão de muita gente sobre os frequentadores do local. Enquanto fazia parte do grupo anônimo, Andreas era mais um maloqueiro. Quando foi identificado e todos lembraram de sua história, tornou-se coitado.

==Minha abordagem aqui é totalmente livre de julgamentos. Meu objetivo é aprofundar a reflexão sobre culpa, responsabilidade, "destino" e empatia.==

Porque, se alguém não tem culpa de ter nascido pobre, não se tem culpa de ter nascido rico. Se uns não têm culpa de ter azar, outros não têm culpa de ter sorte. Se não há culpa em ser louco, também não há em ser são. Empatia precisa ser praticada em todos os lados, apesar de isso não eximir os privilegiados da sua responsabilidade em tornar o cenário mais justo para a construção de um mundo mais diverso.

Quando treino equipes de vendas, vez ou outra, deparo-me com depoimentos de vendedores sobre clientes arrogantes, impacientes ou até grosseiros. Reforço que o cliente sempre tem razão, a razão dele. Razão é o motivo que nos leva a agir de determinada forma, o que não significa que estamos certos.

O mesmo vale para a vida. ==Todos têm suas razões, seus motivos, para agir como agem, mas isso não significa que suas atitudes sejam corretas.== Elas têm até o poder de retroalimentar uma situação ou quebrar um padrão. Julgar uma atitude é da natureza humana, refletir sobre ela, escolher como lidar com esse julgamento e ampliar sua perspectiva sobre esse julgamento é uma decisão. Há sempre que se fazer um esforço para conhecer as razões do outro.

Uma amiga minha é advogada criminalista. Certa vez, perguntei a ela: "Como você consegue defender bandidos, assassinos, pessoas sem escrúpulos?"

A resposta me impressionou: "Carol, eu trabalho para que essas pessoas tenham uma pena justa".

Não é porque existe um motivo e/ou porque ele foi compreendido que se pode fazer qualquer coisa. Leis, moral e ética são assuntos muito complexos. Minha intenção não é mergulhar neles, mas, de novo, ampliar o significado da empatia. Sempre haverá dois lados, sempre haverá uma razão. O julgamento não cabe a nós, mas isso não nos impede de agir afastando ou aproximando aquilo que nos causa admiração, estranheza, inveja ou compaixão.

FRACASSO COMOVE. SUCESSO INCOMODA.

As biografias costumam nos dar uma perspectiva diferente de pessoas que admiramos. Alguns quadros de programas de TV fazem o mesmo. Quem não se lembra do *Visitando o Passado* do *Caldeirão do Huck* ou do *Arquivo Confidencial* do *Domingão do Faustão*, ambos da Rede Globo? Conhecer de perto ou mais a fundo a história de alguém muda nossa relação com seu sucesso.

==É comum as pessoas se compadecerem do fracasso e invejarem o sucesso.==

Algumas pessoas se inspiram quando se conectam à história de quem passou pelo que elas passaram. Eu sou do tipo que se inspira em pessoas que chegaram aonde quero chegar.

Perceber que outras pessoas têm problemas como eu me consola, mas observar que outras superaram esses e outros problemas e alcançaram objetivos como os meus me enche de motivação.

É verdade. Quando lê uma história bonitinha de alguém relatando todas as suas dificuldades, você se sente mais "humano", mais "normal". É fácil se conectar se você já sentiu a dor. A empatia gera simpatia. Difícil é se conectar com o sucesso que você ainda não viveu. Por vezes, isso gera inveja.

Buscar inspiração no resultado me parece mais sensato. Conhecer a história por trás do sucesso dá fôlego. Muitas vezes, aprender com quem, hoje, você inveja pode levá-lo mais longe do que chorar junto com quem você simpatiza.

Mesmo assim, sempre haverá interpretações diversas. Não dá para conhecer a história inteira se você não a viveu. Será sempre um recorte.

Segundo o filósofo australiano Roman Krznaric, empatia envolve encontrar a humanidade compartilhada, o que envolve fazer conexões inesperadas, sair da forma usual de pensar e falar, se preciso, superar barreiras.

Quanto mais ampliamos nosso olhar sobre o outro, mais nos conectamos a ele. O limite entre a admiração e a inveja é tênue.

EMPATIA + COMPAIXÃO = HUMANIZAÇÃO

Dentro de estudos de áreas como Psicologia, Neurociência e Ciências do Comportamento, a empatia é considerada um dos elementos da inteligência emocional. Os psicólogos Daniel Goleman e Paul Ekman, pesquisadores do tema, apontam a existência de três tipos de empatia.

1. EMPATIA COGNITIVA: é a capacidade de compreender a perspectiva da outra pessoa. Esse tipo de empatia exige que se pense nos sentimentos em lugar de senti-los diretamente. Seu lado sombrio emerge quando utilizada para manipular o outro.

2. EMPATIA EMOCIONAL: é a capacidade de sentir o que a outra pessoa sente. Nosso padrão cerebral liga-se ao dos outros quando os escutamos contarem uma história emocionante. O risco aqui é que o envolvimento emocional pode provocar reações não desejadas.

3. PREOCUPAÇÃO EMPÁTICA: é a capacidade de sentir o que a outra pessoa precisa de você. A preocupação empática requer que controlemos nossa própria angústia sem nos tornar insensíveis à dor dos outros. Ela nos permite ponderar deliberadamente sobre o quanto valorizamos o bem-estar do outro e estamos genuinamente interessados em contribuir para seus desafios. Para mim, esse é o nível de empatia mais saudável e com maior probabilidade de beneficiar o outro e ajudá-lo a reverter ou reverberar sua condição.

A empatia é algo que beira a utopia, mas, mesmo assim, devemos exercitá-la diariamente.

Ampliar os limites da empatia é também o exercício de olhar o outro para compreender seu estado emocional. Para isso, é preciso considerar a perspectiva da empatia, mas também a da compaixão.

A COMPAIXÃO é a compreensão do estado emocional do outro sem, no entanto, invadir o seu espaço. Isso permite manter-se em um estado emotivo positivo. Normalmente, a compaixão é acompanhada de ações que objetivam ajudar, aliviar a dor ou minimizar o sofrimento, por exemplo. A compaixão nos toca, nos sensibiliza e nos move em direção à gentileza.

A EMPATIA é uma tentativa de compreender emoções e sentimentos a partir da perspectiva do outro, entrando no seu mundo, como se estivesse o indivíduo empático vivenciando a mesma situação. Ao sentir empatia, o estado emocional é afetado, podendo gerar reações positivas ou negativas, pois o encontro de mundos gera uma combinação imprevisível.

Na minha perspectiva, a humanização é a soma de compaixão com empatia.

> Humanizar é enxergar o ser humano por trás de cada pessoa com a qual nos relacionamos: por trás de cada profissional, de cada colaborador, de cada cliente, paciente, fornecedor, professor etc. É agir considerando o indivíduo e o seu sentimento no dado momento da relação. É dar ao outro não somente o que ele quer, mas o que ele precisa. Sem se desconsiderar no processo.

A partir do momento em que me esforço para compreender a história do outro, a razão do outro, o motivo do outro, eu preciso agir. Agir para consolar, para acolher, para chacoalhar, para ajudar, para comemorar, para aprender, para alguma coisa que faça sentido para nós e para o outro, afinal, quem compreende também precisa ser compreendido.

Ao defender o seu território, você desconhece os limites da história do outro. Por outro lado, não é porque não dói em mim que não dói no outro.

Algumas necessidades são coletivas, mas o movimento é sempre individual.

É preciso ampliar os limites da empatia e adicionar a ela a compaixão. Isso nos permite, com toda intensidade, praticar a humanização.

CRÍTICA

"O maior perigo, para a maioria de nós,
não é mirar alto e errar, mas mirar baixo e acertar"

MICHELANGELO

· SOBRE PALESTRAS MOTIVACIONAIS, MANCHETES SENSACIONALISTAS E A CRÍTICA PELA CRÍTICA ·

"*Prédio é evacuado no ABC após 50 funcionários pularem ao mesmo tempo em palestra motivacional*"

Essa notícia viralizou e gerou reações de todo tipo.

Eu, como a maioria das pessoas que comentou a matéria, achei que 50 pessoas tinham se jogado do prédio por conta de algo que teria sido "trabalhado" durante a palestra. Vai que...

A notícia circulou em muitos dos meus grupos de WhatsApp (afinal, sou da área), virou motivo de chacota e altas críticas tanto em relação à palestra motivacional como ao título da matéria.

Diante de tantas críticas, decidi refletir um pouco mais e fazer alguns contrapontos.

SOBRE PALESTRAS MOTIVACIONAIS

Eu me considero uma pessoa de sucesso em diversos aspectos da minha vida e confesso que muitas das minhas grandes decisões foram tomadas depois de assistir a alguma palestra motivacional.

Sempre gostei de ouvir gente que chegou aonde eu queria chegar contar seus segredos. Até os mais clichês sempre me despertavam alguma coisa positiva.

==Motivação vem de dentro, eu sei. Mas inspiração vem de fora.==

Funcionou para mim. Eu me beneficiei muito das vezes que tive a oportunidade de ouvir pessoas inspiradoras, mas, é claro, isso não funciona para todos.

Na matéria, muitos comentários eram ofensivos e diziam que "motivação é salário no bolso", "a empresa devia distribuir a grana da palestra para os funcionários", "autoajuda é pura enganação". Mas qualquer pessoa que estude, no mínimo, Maslow sabe que são diversos os fatores motivacionais e que "autoajuda" tem lá seus benefícios (eu, particularmente, desconheço ajuda mais efetiva do que aquela que decidimos oferecer a nós mesmos).

==Eu acredito que qualquer ação realizada por uma empresa com o intuito de promover reflexões, conscientização, capacitação e crescimento pessoal e profissional para o seu time é válida.==

Em relação ao pulo coletivo, desconheço o contexto, mas provavelmente essa deve ter sido uma das técnicas utilizadas pelo palestrante para elevar a energia do grupo, mudar o padrão de fisiologia ou criar algum gatilho emocional para, a partir disso, aumentar o nível de retenção da mensagem. Muitos artistas, por exemplo, para entrar na *vibe*, antes de subir no palco, pulam.

Existem muitos estudos científicos que embasam o uso dessa técnica.

SOBRE MANCHETES SENSACIONALISTAS

A matéria em si não me pareceu sensacionalista. O título, sim, mas cumpriu seu propósito: o de capturar a atenção das pessoas. Claro que, muita gente não leu e espalhou a notícia de forma ainda mais sensacionalista, dedicando seu tempo a escrever sua opinião antes mesmo de conhecer o conteúdo da matéria. Parece um círculo vicioso.

Gramaticalmente, o título está perfeito. Talvez nosso lado sensacionalista é que o tenha feito ficar ainda mais aterrorizante.

A questão é que, nos dias de hoje, a tragédia ganha mais atenção e boa parte disso se deve ao nosso comportamento.

Se o jornal faz isso e ganha audiência, o que o jornalista vai fazer? Ele vai se esforçar para criar *headlines* "poderosas", que sejam lidas, compartilhadas e até criticadas. A qualidade dos comentários é menos importante: o foco está no número de visualizações.

A gente criou esse monstro. Bora, agora, aprender a conviver com ele e selecionar melhor nossas fontes, afinal, em terra onde a informação é abundante, curadoria faz toda a diferença.

SOBRE A CRÍTICA PELA CRÍTICA

Eu sempre me questiono sobre os tantos paradoxos que vivemos nos dias de hoje.

As pessoas aplaudem atos de empatia e compaixão e continuam julgando muito antes de, ao menos, tentar compreender.

As pessoas criticam a palestra, a matéria, as empresas, criticam tudo em um nível de superficialidade surreal. Será que se dão ao trabalho de olhar um pouco mais a fundo antes de emitir sua opinião?

Neste caso, por exemplo:

- O que os participantes da palestra acharam da atividade?
- O que empresa tem colhido de resultados positivos ao investir nesse tipo de evento?
- O quanto esse palestrante tem contribuído para as pessoas?

Acho legal emitir opinião sobre o que nos interessa (eu mesma adoro e estou fazendo isso neste exato momento), mas, por vezes, a sua opinião fala mais sobre você do que sobre o outro. Por isso, vale avaliar se convidar as pessoas à reflexão, em vez de apenas criticar, não torna sua comunicação mais efetiva.

Em tempos em que tudo parece líquido e desconexo, análises rasas e deturpadas tornam o julgamento ainda mais preconceituoso.

Do lado de cá, tenho certeza de algumas coisas: palestras motivacionais me tornaram alguém melhor, manchetes sensacionalistas cumprem seu papel e a crítica pela crítica não leva ninguém a lugar nenhum.

COMPETÊNCIA

"Às vezes, quando você inova, comete erros. É melhor admiti-los rapidamente e continuar a melhorar suas outras inovações"

STEVE JOBS

· ERA UMA VEZ NA TAILÂNDIA ·

Nos treinamentos e palestras que ministro, costumo usar a expressão "algumas coisas só acontecem na Tailândia", diversas vezes.

Nada contra a Tailândia, mas tento me referir a um lugar bem distante com o objetivo de trazer para a discussão situações vividas por aquele grupo sem me referir diretamente a ele. É uma ironia que diverte e me dá uma espécie de licença poética em sala de aula.

A ideia não é deixar os problemas reais de lado, mas tratá-los sob uma nova perspectiva. Afinal, parece sempre mais fácil resolver os problemas dos outros, certo? Assim, em vez de apontar aquele "defeito" no grupo, permito a crítica à situação e a proposição de soluções como se aquele não fosse um problema "nosso".

Nesta reflexão que proponho agora, a questão central não é o problema em si, mas a maneira como o enxergamos e, principalmente, como lidamos com ele.

Quando falamos sobre resolução de problemas, algumas pessoas podem se lembrar do MASP (método de análise e solução de problemas). O ponto que gostaria de levantar é que essa metodologia concentra sua abordagem na perspectiva "reativa", o que contrasta com a abordagem "proativa", cada vez mais necessária nos dias atuais.

Ou seja, o MASP olha para um problema existente e tenta reconhecer suas causas para evitar problemas futuros. Qualquer semelhança com a maneira como lidamos com nossos problemas, nesse caso, não é mera coincidência. O desafio, aqui e lá, é prever possíveis problemas antes mesmo que eles aconteçam e agir para evitá-los.

Fazendo uma correlação com o comportamento humano, percebo que muitas pessoas não fazem nem uma coisa, nem outra: nem analisam a raiz dos seus problemas atuais, nem se antecipam para evitar problemas futuros.

VAMOS VOLTAR À TAILÂNDIA...

Na "Tailândia", as pessoas conseguem enxergar os defeitos dos outros e criticá-los muito facilmente. Lá, difícil mesmo é conseguir ver os próprios desafios e agir de forma a corrigir rotas, promovendo melhorias necessárias ao desenvolvimento pessoal.

Nesta era digital, as redes sociais são uma fonte inesgotável de *cases* tailandeses, que reforçam que criticar, julgar e denunciar é bem mais fácil do que encarar a si mesmo.

Levante a mão se você conhece alguém que se distancia (e muito) daquilo que costuma postar?

Atire a primeira pedra quem nunca fez isso.

São inúmeras as frases de efeito que remetem a pessoas fortes e bem resolvidas, que, na verdade, não praticam um décimo daquilo que afirmam ser e fazer na rede social.

Gente que posta "bom dia" todos os dias, mas que não cumprimenta o porteiro.

Gente que usa citações diárias de livros e quase não lê.

Gente que critica a turma e depois comenta na foto "amo essa galera".

Gente que... ah, gente, né? Ainda bem que só gente da Tailândia age assim.

O discurso que "vende" muita gente nas redes sociais acaba estimulando comportamentos que deixam tantas outras pessoas "na prateleira".

O LinkedIn, rede social mais "profissional", é um celeiro desse tipo de comportamento.

O que as pessoas postam, comentam e curtem denota uma falta de clareza gigante em relação às suas competências.

Uma enxurrada de reclamações diárias cria posicionamentos completamente opostos ao que se busca em um profissional de alta *performance*. Uma série de *posts* invade os perfis dando a entender que todos são excelentes profissionais e que os problemas corporativos se resumem a chefes ruins, empresas egoístas, boicotes de recrutadores e politicagem das relações.

Outro dia, uma amiga nessa situação me chamou para almoçar. Durante toda a refeição, ele descreveu como tem azar com chefes. Em seus últimos quatro empregos, havia sido demitida por "uma chefe incompetente que não conseguia enxergar seu potencial". Perguntei a ela o que essas chefes tinham em comum e ela quase engasgou.

Enfim, caso clássico da Tailândia.

DA REDE SOCIAL PARA UMA ANÁLISE RACIONAL

Por vezes, tento acreditar que as pessoas se comportam assim para criar uma aura positiva em torno de si, para ganhar *likes* e seguidores, ou apenas para desabafar. Mas é impossível não refletir sobre o impacto disso em seus resultados.

É incrível a capacidade do ser humano de se acostumar até com o que incomoda. A tal zona de conforto é, muitas vezes, uma zona de desconforto na qual a gente se adaptou. No entanto, precisamos nos lembrar de que o aprendizado só acontece quando nos arriscamos a sair dela ou a ampliá-la.

A programação neurolinguística define o processo de aprendizagem de uma forma que gosto muito:

1. INCOMPETÊNCIA INCONSCIENTE

Eu não sei aquilo que não sei e, muito menos, o que deveria saber.

Quanto mais nos fechamos no mundo em que vivemos, menos oportunidades temos de nos conhecer no mundo que queremos viver. É difícil reconhecer aquilo que a gente não conhece, mas é preciso fazer um esforço, buscar autoconhecimento e até mesmo *feedbacks* legítimos para que possamos crescer.

2. INCOMPETÊNCIA CONSCIENTE

Eu sei o que não sei ou, pelo menos, o que eu deveria saber.

Quanto mais nos expomos a situações diversas, maiores são as chances de identificar o quanto precisamos aprender. Essa é uma fase crítica do desenvolvimento, porque, quando tenho clareza do que preciso desenvolver, posso optar por esconder embaixo do tapete essa minha incompetência ou arregaçar as mangas para me desenvolver.

3. COMPETÊNCIA CONSCIENTE

Eu sei o que sei.

Optei por ir à luta, estudei, treinei e me esforcei e já posso me declarar competente no que me propus a desenvolver.

Nessa etapa, o indivíduo consegue colocar em prática seu conhecimento, porém, ainda não possui a habilidade necessária para agir de forma natural, sem pensar, no automático. O nível de esforço para colocar em prática a nova competência é bem grande. Alguns erros podem ainda ser cometidos, por isso é preciso praticar, praticar, praticar...

4. COMPETÊNCIA INCONSCIENTE

Eu nem sei o que sei. Apenas faço e faço bem.

Essa é uma etapa que parece distante, mas, se prestarmos atenção, já fazemos muitas coisas assim: escovar os dentes, comer, caminhar, dirigir. Se você voltar no tempo ou perguntar para seus pais ou para quem o acompanhou na tenra infância, terá certeza de que se esforçou muito para tornar automáticos esses comportamentos. Posso garantir a você que não foi de um dia para o outro que você se tornou excelente em fazer essas atividades.

A combinação de talento e esforço leva alguém a ser excelente naquilo que faz.

E é assim com qualquer outra habilidade que queiramos desenvolver.

CADA UMA DAS FASES POSSUI GRANDES DESAFIOS.

A minha provocação aqui está no quanto é mais fácil criticar quem está tentando se desenvolver, se expondo, errando e acertando. A maioria das pessoas que fazem isso não tem consciência sequer do que ainda não sabe. Elas vivem lá na Tailândia, só conhecem a Tailândia, não desejam sair da Tailândia e, nem sequer, têm noção de que o mundo existe além das fronteiras da Tailândia.

Uma frase atribuída ao teólogo William George Ward diz o seguinte: "A vida é como um eco. Se você não está gostando do que está recebendo, preste atenção no que está emitindo".

Se você não quer olhar para dentro porque acredita ser perfeito, então, olhe para fora, olhe ao seu redor, avalie seus resultados e o impacto que causa no mundo.

Está satisfeito? Se sim, se pergunte: dá para ser mais? Dá para ter mais? Posso ser melhor ainda?

Não está satisfeito? Identifique e desenvolva as competências necessárias.

Muitos se apegam a valores que não passam de crenças limitantes para evitar mudanças. Muitos preferem gastar energia na elaboração de desculpas que confortam, a fazer o que precisa ser feito. Muitos preferem acreditar naqueles que se tornam cúmplices dos seus fracassos (os ombros amigos), mas que não inspiram o sucesso. Muitos preferem fingir que são apenas pequenos deslizes, que não refletem a sua realidade. Mas é claro que esses muitos aqui são aquelas pessoas da Tailândia. Costumo dizer que desculpa perfeita é aquela que cumpre o papel de manter você onde está.

A pergunta é: quem está enganando quem?

Não é difícil reconhecer padrões. Mas é preciso prestar atenção. Analise suas histórias de sucesso e fracasso e verá como alguns comportamentos se repetem. Os processos de autossabotagem precisam se

==tornar conscientes para serem evitados, assim como os fatores críticos de sucesso precisam ser identificados para serem intensificados.==

Calibre suas expectativas de desempenho e disposição.

Lá na Tailândia essas histórias não costumam ter um final feliz. O lance é que ninguém pode voltar atrás e fazer um novo começo, mas qualquer um pode começar agora e fazer um novo fim.

COMUNICAÇÃO

"Ter convicção demais em nossas ideias não é perigoso apenas por nos deixar vulneráveis a falsos positivos, mas também porque nos impede de produzir a variedade necessária para atingirmos todo o nosso potencial criativo"

ADAM GRANT

· ESSÊNCIA E APARÊNCIA ·

"Você não é que pensa, você é o que comunica".

Essa frase foi recebida por mim como um soco no estômago durante um *workshop* há alguns anos.

Eu nem conseguia mais ouvir o que o instrutor falava. É como se todas as minhas críticas às impressões erradas que as pessoas tinham sobre mim passassem a fazer sentido.

Sim, as críticas eram legítimas. Sim, eu não me enxergava.

Só essa frase valeu todo o investimento de grana e tempo que eu tinha feito. A partir daquele momento, eu ganhava uma noção bem mais precisa dos meus desafios.

Desde então, tenho me percebido mais e ficado mais atenta ao meu comportamento, à maneira como eu me comunico. Isso não significa que eu ande pisando em ovos, longe disso.

Isso significa que estar consciente do impacto que causo me traz a responsabilidade sobre o mundo que crio ao meu redor.

RECONHECENDO PADRÕES

O que o impede de ser quem você gostaria de ser ou ter o que gostaria de ter?

Seus padrões!

Padrão é algo que você repete, seja de forma consciente, seja inconsciente, e que diz muito sobre você para os outros e para si. Eles sempre comunicam algo.

Os padrões podem e devem ser reconhecidos. Só podemos mudar algo que conhecemos, compreendendo o que nos ajuda e o que nos atrapalha. Só assim podemos decidir no que atuar.

Um modo de reconhecer seus padrões é avaliar seus resultados, ou seja, o que você "recebe" da vida.

Que tipos de situações agradáveis ou desagradáveis se repetem em sua vida? Qual a influencia da maneira como você se comporta sobre elas?

Que tipos de resultados são frequentes? Por que, mesmo em ambientes diferentes, com pessoas diferentes, você sempre chega ao mesmo "lugar"? Por que acontecem sempre as mesmas coisas?

Se você não acredita no impacto das suas ações sobre a sua vida, provavelmente você é do tipo que responsabiliza a sorte ou culpa o azar. O motivo de ter sempre os mesmos resultados é o fato de que você está fazendo sempre as mesmas coisas, repetindo os mesmos padrões.

O ponto é: como identificar quais padrões nos impedem de alcançar os resultados que desejamos?

Eu, particularmente, conheço duas formas: *feedback* e autoconhecimento.

Quanto mais você se expõe, mais recebe *feedback*. Mas receber *feedback* não é suficiente. É preciso aceitar o *feedback*. Pensar sobre ele e, principalmente, agir a partir dele.

Em relação ao autoconhecimento, existem muitas alternativas: ferramentas como DISC, MBTI, entre outras, cursos, livros, terapia etc. O cuidado aqui é que, ao mergulhar profundamente em longos processos de autoconhecimento, você pode se ver imerso em uma busca interminável para entender o que o trouxe até aqui e esquecer de agir para ir mais longe.

VOCÊ NÃO É PRISIONEIRO DA SUA HISTÓRIA

Você precisa compreender seu passado, para reconhecer os motivadores e padrões e, a partir daí, promover em sua vida as mudanças desejadas.

Existem assuntos que a gente prefere guardar em uma caixinha, assuntos que esperamos nunca ter de remexer, não é mesmo?

Eles sempre terão influência em nosso comportamento e, por isso, reconhecer seu impacto nos permite construir uma nova história.

Pessoalmente, quando olho para minha vida, sinto só gratidão, mas remexer em certas coisas do passado sempre me gerou incômodo.

Resisti muito tempo à terapia, por rejeitar esse lugar, mas comecei a entender que os traumas me influenciam, mas eu sou mesmo fruto das minhas metas. Ao ler *A coragem de não agradar*, dos autores Ichiro Kishimi e Fumitake Koga e *Em busca do sentido*, de Vihtor Frankl, me deparei com algumas questões que mudaram profundamente minha perspectiva.

Freud acreditava que as pessoas são motivadas pela busca do prazer ou pela fuga da dor.

Viktor Frankl afirma que o impulso fundamental das pessoas está em encontrar significado em suas vidas. Após três anos em um campo de concentração e de ter perdido todas as pessoas que amava, ele escreveu que "tudo pode ser tirado de uma pessoa, menos a última das liberdades humanas: escolher uma atitude em qualquer série de circunstâncias".

Alfred Adler, psicólogo austríaco, refutava a teoria determinista de Freud. Para ele, os humanos são motivados mais por suas expectativas em relação ao futuro do que pelas experiências do passado.

Eu acredito muito nessas perspectivas: sentido, futuro, liberdade de escolha, objetivos. Meta é coisa da vida e vida é construída com metas, desejos, sonhos, possibilidades.

Diante de tais dilemas é preciso agir.

Frankl tem uma frase brilhante: "Existe um intervalo entre o estímulo e a resposta. Nesse intervalo está nosso poder de escolha para a NOSSA resposta. Em nossa resposta está nosso crescimento e nossa liberdade".

No entanto, para muitas pessoas, é mais fácil se sentir vítima. E a vida sempre ajuda a gente a encontrar uma boa desculpa para não deliberar sobre ela.

Se a gente escolhe, se a gente se desculpa ou se a gente se culpa é uma decisão. O que vem de volta é reação e, de alguma forma, tudo passa pela maneira como nos comunicamos com o mundo, afinal de contas, somos seres sociais.

Ao aproveitar nossa liberdade, podemos fazer boas escolhas e nos tornarmos fruto daquilo que desejamos.

TUDO COMUNICA

Falar comunica, calar também.

Nosso corpo fala, a maneira como nos vestimos, o lugar onde escolhemos sentar em uma mesa e o jeito como cumprimentamos as pessoas também. Tudo comunica.

Sugiro que você amplie seu olhar para os pontos a seguir:

• FISIOLOGIA

Sabe aquela foto que tiraram quando você estava à toa? Você olha para ela e diz: "rasguem" (*sorry*, sou "cringe") ou "não publiquem". As pessoas olham para você na foto e quase sempre dizem: "Qual o problema? Você ficou bem na foto!"

"Ficou bem" para os outros que estão acostumados com sua cara. Ruim para você que quase sempre se vê fazendo pose (na foto ou no vídeo) ou preparada psicologicamente (no espelho). Acontece que existe um você que você não vê. Você já pensou em qual é sua cara enquanto assiste a uma aula? Enquanto digita no celular? Enquanto dirige?

Sabe aquela mania que a gente tem de julgar os outros: fulano tem cara de esperto, sicrano tem cara de bobo? Então, e você, cara-pálida, tem cara de quê? Você pode não conhecer, mas essa sua "cara", que parece não querer dizer nada, para os outros, sempre quer dizer alguma coisa.

==Sua fisiologia fala muito sobre você e influencia seu comportamento.==

Segundo a psicóloga norte-americana Amy Cuddy, uma mudança postural muda seu sentimento e seu sentimento muda seu comportamento.

Em seu TED Talks, ela apresenta três posições capazes de ajudar pessoas com problemas relacionados à baixa autoestima. O método "empodera" e auxilia a superar momentos estressantes. Conheça e experimente:

1. MULHER-MARAVILHA: afaste levemente um pé do outro, mantenha os ombros eretos e apoie as mãos na cintura;
2. CHEFÃO/CHEFONA: fixe as palmas das mãos em uma superfície plana e, levemente, incline o corpo para frente;
3. MAFIOSO/MAFIOSA: sente e incline-se para trás, colocando seus pés sobre a mesa e os braços atrás da cabeça – como se não se importasse com nada.

Essas posições podem alterar os níveis dos hormônios corporais como a testosterona (relacionado à dominação) e cortisol (relacionado ao estresse). Essas expressões não-verbais desencadeiam mudanças no corpo que se refletem na mente e, consequentemente, mudam o comportamento.

Testou?

• APARÊNCIA

Essa é uma questão bastante delicada, mas que faz parte do jogo. Por mais que a gente viva em um mundo que prega tanto a diversidade como o seja quem você quiser ser, alguns aspectos da nossa aparência determinam como as pessoas nos percebem e nos tratam. No mundo em que vivemos não basta ser, tem de parecer e não basta parecer, tem que aparecer. Que me perdoe Saint-Exupéry, mas, nos dias de hoje, "o essencial precisa ser visível aos olhos".

Essa é uma questão que parece cruel, afinal é politicamente incorreto exigir ou até sugerir que alguém se vista de um jeito, tenha o cabelo de outro, as unhas, as sobrancelhas etc. Parece desumano, mas somos feitos de carne e osso e incorporamos um monte de "pré-conceitos". Isso faz com que classifiquemos pessoas pela sua aparência.

Tenho uma amiga que levou um tempão para ser promovida porque "não tinha cara de gerente". Tenho certeza de que o chefe dela não se referia à aparência em si, mas ao fato de ela usar sapatilhas, tiara e "ter cara de menina", o que, certamente, impactava em sua percepção.

Eu mesma, quando passei a morar em São Paulo, recebi o *feedback* de que deveria prender menos o cabelo em um "rabo de cavalo", pois isso tornava minha aparência juvenil demais (e, como consultora, eu precisava aparentar "ser mais velha").

Também recebi a dica de "comprar uma bolsa de marca cara" e "ter um carrão" para transparecer sucesso, que era o que eu vendia. Confesso que adotei todas elas. Não sei o quanto elas influenciaram em minha ascensão profissional, mas, "naquele tempo", eu estava menos disposta a arriscar. No fim das contas, você sempre pode ser quem você quiser, mas nunca será capaz de controlar a imagem que criam de você.

COMUNICAÇÃO VERBAL

Nesse item entram o conteúdo, o tom, o ritmo e o como. Não existe um certo e um errado: existe um contexto, um impacto desejado a ser causado e o que dá certo e o que dá errado.

A fluência verbal dá poderes. As pessoas ficam tão encantadas com a conexão das palavras, com a velocidade alternada, com o tom, com a ênfase, que até relevam o conteúdo por alguns minutos.

No entanto, o contrário também é válido. Um palavrão dito com classe ainda é um palavrão. Se o conteúdo infringir as normas do ambiente onde está sendo pronunciado, seu entorno sai de cena.

A minha "baianidade" causou muita estranheza quando cheguei à terra da garoa e não foi pelo sotaque, mas, sim, pelo tom imperativo, muito comum em nossa cultura.

"Passe para mim!"

"Pegue aí!"

"Me ligue!"

"Ande rápido!"

Em geral, baianos falam de maneira direta e reta, sem "por favor" nem "por gentileza". E, na Bahia, está tudo bem! Mas, em São Paulo, não. Por mais meiga que eu fosse no jeito de pedir, sem "por favor", eu parecia agressiva. Um delicioso *feedback* me fez perceber isso. Lembro-me como se fosse hoje:

"*Só isso? É só pedir 'por favor' e está tudo bem?*"

E não adianta dizer que "por favor é uma questão de educação", porque é possível pedir "por favor" em um tom agressivo. A comunicação é uma combinação de contexto, reputação e expressão.

REDES SOCIAIS

Em tempos de redes sociais, deixamos muitos rastros. E, como diria meu amigo Marc Tawil, "vida social é vida pública".

Quando encontra alguém que não vê há algum tempo, você dá aquela geral em sua *timeline* e sai com várias conclusões.

Atire a primeira pedra quem nunca criou a imagem de alguém olhando seu Instagram (ou Facebook, enquanto ele existe)!

Esse infográfico é uma tentativa de explicar o comportamento usual (ou intencional) de algumas redes.

NÃO TRATE AS REDES SOCIAIS DA MESMA FORMA		
	PARA O USUÁRIO	PARA A EMPRESA
f	relacionamento e atualização	exposição da marca
Instagram	fotos que provocam emoções	divulgação com estímulo visual
WhatsApp	contato rápido e efetivo	canal de comunicação com o cliente
YouTube	formação de opinião e informação	informação relacionada à área

No fim das contas, cada um publica o que quer, na rede que quiser.

Um mundo de fantasia na rede social pode gerar *likes*, comentários e até admiração. Mas, mais importante que criar um mundo de fantasia, é criar a realidade na qual se deseja viver.

É comum que as pessoas postem coisas para ganhar *likes*, comentários e compartilhamentos. É uma forma de aceitação social (conheço gente que exclui *post* impopular). Se a pessoa posta e isso gera *buzz* na sua rede, ela vai continuar postando. Sua comunidade (seus seguidores) reforça seu padrão de comportamento nas redes e, hoje em dia, a rede social constrói ou destrói sua reputação.

POSICIONAMENTO é um esforço consciente sobre como desejamos ser percebidos pelo outro. Reputação é a coerência entre o posicionamento que construímos e aquilo que realmente somos.

Não adianta se esforçar para construir um posicionamento se não houver o mesmo esforço na manutenção de sua REPUTAÇÃO. Posicionamento é desejo, reputação é reflexo. Você não é capaz de controlar o que as pessoas pensam de você, nem como agem em resposta a você, mas pode controlar o que e como comunica.

Um mundo de fantasia na rede social pode até suscitar admiração e torná-lo um *digital influencer*. Mas, de novo, mais importante que criar um mundo de fantasia, é criar a realidade na qual se deseja viver. E, para isso, é preciso ser também um *presencial* ou *real influencer*.

Como diria meu conterrâneo Nizan Guanaes: "Conteúdo sem marketing é burrice. Marketing sem conteúdo é picaretagem".

COMUNICAÇÃO NÃO É INTENÇÃO

Definitivamente, comunicação não é intenção. Comunicação é resultado.

Quando o assunto é comunicação, o desafio é enorme, porque comunicação é algo que acontece entre duas ou mais pessoas, ou seja, tem o *outro* na equação. Como diria Sartre, "o inferno são os outros".

Como o responsável pela comunicação é sempre o emissor, é importante ficar atento ao que está recebendo de volta, afinal, o que você está oferecendo é, provavelmente, o que está provocando isso.

Desde que ouvi aquela frase "você é o que comunica", tenho ficado mais atenta aos meus sinais. Nem tudo o que se passa no meu coração precisa se transformar em ação. Sempre me apego à questão do que quero ser, do que quero ter e quanto meu comportamento e a forma como me comunico tem de influência no alcance dos meus objetivos, no impacto que eu causo ao meu redor.

Lembro-me sempre do conselho do "meu eterno chefe", professor Garrido, "é melhor ser inteligente do que ser valente".

"A alma não tem segredo que o comportamento não revele", diria Lao Tsé. Tudo comunica e cada gesto seu, cada detalhe da sua maneira de se expressar ao mundo, fala muito mais alto do que qualquer palavra.

CREDIBILIDADE

"O sucesso não tem a ver com quanto dinheiro você ganha,
mas com a diferença que você faz na vida de outras pessoas."

MICHELLE OBAMA

• GURUS DE PALCO:
QUANDO FALAR BEM DÁ MAIS RESULTADO
DO QUE FAZER BEM •

Um dia desses, uma amiga veio comentar comigo o quanto admirava determinado consultor. Ela o havia contratado algumas vezes e ficava sempre bem impressionada com a quantidade de referências que ele trazia para as discussões em reuniões e em sala de aula. A empolgação era tanta que ela chegou a me sugerir: "Carol, você também deveria assinar a revista tal, é a que ele usa para se atualizar".

Fiquei dias com aquele *feedback* travado na garganta. Sim, é claro que, mesmo que indiretamente, aquilo havia sido um *feedback*. A minha leitura foi: *eu tenho contratado mais ele do que você porque ele possui muitas referências e você, não*. Foi assim que minha cabeça interpretou, até porque sempre preferi histórias e prática a referências, por isso, vesti a carapuça.

Essa amiga também já me contratou muitas vezes e vive me recomendando quando o tema é vendas em qualquer formato (área diferente daquela do tal consultor comportamental). Apesar da recompra ser, em minha opinião, o melhor *feedback* de todos, as palavras dela ficaram ressoando na minha cabeça, por dias.

Caramba, mas eu leio tanto! Nos dias que passei com ela, fiz comentários sobre diversos livros. Participo de congressos e eventos nacionais e internacionais sobre minha área de especialização com frequência. Será que, mesmo assim, ela me acha alguém sem referências?

Como o ser humano, nesse caso eu, tem uma capacidade incrível de encontrar desculpas perfeitas para se confortar, consegui criar as minhas para explicar aquela admiração pelo outro consultor e, de quebra, refleti um monte sobre como as pessoas tendem a enxergar umas às outras.

Fui olhar a vida do tal consultor comportamental (redes sociais, Google e amigos e clientes em comum). Sim, eu o *stalkeei* e o resumo foi: fluência verbal impressionante, alta capacidade de customização, inteligência fora do comum, dificuldade de trabalhar em equipe, dificuldade de compartilhar seu conhecimento (ele não "fornece" seus *slides* depois do treinamento), dificuldade de relacionamento com outros profissionais que ele considera concorrentes e por isso "não fala sobre trabalho", dificuldade de desapegar, síndrome de pânico, entre outras coisas pouco publicáveis... enfim, o resumo é: ==pratica pouco daquilo que ensina.==

Mas quem conhece esse outro lado? Quem se importa com esse outro lado? O importante é que ele ensina os outros a fazer o que ele não consegue. E ponto.

Esse não é um caso atípico, é basicamente assim que funciona o mundo.

LINDO SEU DISCURSO, PENA QUE NOS CONHECEMOS

Definitivamente, depois do advento das redes sociais, algumas pessoas me obrigam a fazer uma escolha: ou as sigo nas redes sociais ou convivo com elas na vida real.

É tanta incoerência que chega a ser enlouquecedor.

- Gente que ensina a vender e só fecha seus negócios dando desconto;

- Especialista em oratória que não para de falar;
- Terapeuta de casais que já se separou cinco vezes.

Outro dia, um dos empresários mais mau-caráter com quem já convivi, um cara que até hoje não conseguiu manter um time unido por mais de seis meses, mau pagador, colecionador de processos de assédio moral e sexual, estava dando uma palestra sobre *liderança*.

Mas, mais uma vez: o cara fala bem sobre o assunto. É isso que importa, não é?

E a febre do *coaching*? A pessoa é demitida, não consegue se recolocar, é convencida por um guru a fazer um curso e ganhar, no mínimo, 10 mil reais por mês ajudando outras pessoas a alcançar seus objetivos profissionais. A pessoa não conseguiu promover a mudança na sua própria vida e alcançar seus próprios objetivos e vai orientar outras?

Quando iniciei meu mestrado em Administração de Empresas, fiquei assustada com essa mesma questão: os professores doutores já viveram o que sobre o tema que estudam/ensinam? Nadinha.

Logo, compreendi que a teoria advém da prática e que, mesmo que não tenha praticado muito sobre sua matéria, o PHD estudou muita gente que já o fez, e testou, testou de novo, comprovou, refutou e isso lhe dá embasamento para propor sua própria teoria.

Talvez seja um pouco daquela frase com mil interpretações: quem sabe faz, quem não sabe ensina.

TROCO APLAUSO POR IMPACTO

Um dos sentimentos que mais mexe com o ser humano é a rejeição e, confesso, muitas vezes me senti rejeitada.

Quando me descobri palestrante, comecei a me inscrever em eventos e a tentar me conectar com as diversas curadorias.

- E daí ter liderado projetos de vendas das maiores empresas do país?
- E daí ter sido Head da Escola de Vendas da maior empresa de educação corporativa do país?
- E daí ser uma palestrante requisitada no mundo corporativo?

- E daí ser a segunda mulher do país a escrever um livro de vendas e a primeira a ser um *best-seller* na categoria?
- E daí ter fundado uma empresa que, em quatro anos, triplicou de tamanho?

Isso não vale muita coisa se você não tiver uma bela equipe de RP, uma agência de marketing digital produzindo e impulsionando seus *posts* e interagindo com seus seguidores e se você não patrocinar eventos. Parecer é o que importa e esse critério de contratação reforça o posicionamento dos "gurus de palco".

Entendi que essa não era uma batalha e que eu não iria me corromper. *Vamos no orgânico!*

Em vez de despender minha energia nesse oba-oba, decidi investir no meu negócio e na minha equipe. Para mim, credibilidade não tem a ver com o que eu falo de mim, mas, sim, com o que as pessoas falam de mim.

Eu já tinha muitas provas de que a decisão tinha sido acertada: sobrevivemos ao coronavírus, crescemos, nossos projetos são entregues com altíssima qualidade por todos, nosso *ticket* médio aumentou significativamente... nos consolidamos como referência em treinamento de vendas e atendimento no Brasil e, apesar de não estar nos *Summits* da vida, hoje eu sou uma das palestrantes mais contratadas do país.

A prova cabal veio na seguinte história:

> *Num dos eventos que fui rejeitada pela curadoria, meu livro, o Bora Bater Meta, esgotou no estande da DVS Editora.*
>
> *Uma semana depois, um desses leitores entrou em contato conosco:*
>
> *Ele "devorou" o livro no avião durante seu retorno após o evento e decidiu me contratar para uma palestra na sua convenção de final de ano. Com tantos palestrantes show que estavam naquele palco, ele optou por mim. Claro que não foi só o conteúdo do livro, ele gostou tanto que fuçou minhas redes sociais e gostou do que viu.*

Seis meses depois, outro leitor que comprou o livro no mesmo evento nos procurou para discutir os desafios junto à sua força de vendas e contratou um projeto de quase meio milhão de reais.

Eu não estava no palco. Não ganhei aplausos, nem seguidores, mas eu estava lá.

Ao escrever um livro, a gente se torna imortal e nosso impacto perde a dimensão. Ao fundar uma empresa e acreditar que pessoas são capazes de sonhar e realizar juntas, aos poucos, vai-se ampliando o alcance e mudando o mundo. No orgânico.

Eu poderia potencializar tudo isso com investimento pesado em marketing. Poderia, mas não é meu foco.

No final das contas, é importante lembrar que *like* sem *lead* é pura vaidade. Aplauso sem impacto é só protocolo.

FOCO NOS CONSISTENTES

Existe muita gente boa e que faz a diferença.

Gente que lidera pelo exemplo, que compartilha sua trajetória de sucesso real, que oferece mentoria para quem está começando e que, principalmente, gera um impacto transformador na vida das pessoas com as quais se conecta.

Credibilidade se sustenta com impacto. Se seu foco está só em vender isso significa que você se preocupa pouco com os clientes e muito com sua conversão.

Para bater nossas metas, é preciso ajudar as pessoas a baterem suas próprias metas. A minha meta de vida, por exemplo, é contribuir para que todos ao meu redor batam as suas metas.

Não é sobre falar bem de si, é sobre dar o melhor de nós.

Quando damos o melhor de nós e proporcionamos o melhor ao outro, conquistamos o melhor de todos.

COMPARTILHAMENTO

"O grande segredo para a plenitude
é muito simples: compartilhar"

SÓCRATES

· VIVENCIANDO, SENTINDO, TRANSBORDANDO E COMPARTILHANDO ·

Na adolescência, eu adorava escrever diários. O desafio era equilibrar minha vontade de gritar os meus sentimentos ao mundo com o *instinto de manter alguns segredos guardados para mim*. Criava códigos (que, até hoje, consigo decifrar), mas deixava meu diário aberto (sem cadeado), na ESPERANÇA que meus pais o lessem e entendessem melhor aquilo que se passava na minha cabeça e no meu coração.

Algumas dessas confissões eu revelava aos amigos mais próximos. Outras continuam me inquietando. A tecnologia me fez migrar para um *blog*, depois para outro *blog*, que nunca divulguei, mas que deixei abertos na rede para quem quisesse me conhecer melhor.

Depois, veio o Orkut e agora são muitas as redes sociais que mantenho atualizadas, diariamente, com reflexões, provocações, momentos de felicidade e desabafos (me segue no insta: @carolmanciola).

Neste mundo das redes sociais, onde todos compartilham seu mundo perfeito, às vezes, me surge uma pergunta:

Por que as pessoas tendem a compartilhar muito mais coisas boas do que coisas ruins?

Minhas hipóteses são duas:

1. **A FELICIDADE COMPARTILHADA TEM SEU SIGNIFICADO AMPLIADO**

É uma delícia gritar para o mundo o quanto somos ou estamos felizes. Ganhar *likes* e comentários de incentivo e aprovação tornam, para mim, aquele momento ainda mais especial. É como se eu quisesse que outras pessoas sentissem o prazer que estou sentindo, motivassem-se a experimentar aquela comida deliciosa ou a conhecer aquele lugar incrível. E eu também sou contagiada pelos *posts* alheios.

Já planejei viagens seguindo o roteiro indicado por alguém, já fui a restaurantes só porque pessoas que admiro recomendaram. E é tão bom sentir o que os outros sentiram. E marcá-los agradecendo e convidá-los a viver novas e já conhecidas experiências comigo. Essa aproximação virtual torna o mundo presencial interessante demais. A felicidade ganha uma proporção tão maior.

Há uma frase do Leonardo Da Vinci que traduz um pouco desse sentimento: "Estar junto não é estar perto, estar junto é estar dentro". Quando seguimos alguém e interagimos com essa pessoa é como se estivéssemos dentro de sua vida. =)

Acontece que existe um efeito colateral, na maioria das vezes, velado: a inveja. Há alguns anos, uma "amiga" me excluiu do Facebook. Era uma pessoa que eu gostava muito, mas que o rumo da vida tornou distante. Sentindo falta dela, decidi perguntar o que tinha acontecido via WhatsApp. A resposta foi intrigante:

"Te excluí porque você me incomoda. Você parece estar numa competição para o prêmio de pessoa mais feliz do mundo e, sinceramente, ninguém tem uma vida tão perfeita."

Lembro-me que fiquei dias olhando para aquela mensagem e elaborando uma resposta. Decidi simplesmente ignorar. Ela realmente não merecia ser contagiada pela minha felicidade.

E, fora dos *stories*, você é mesmo feliz? Muito mais!

Eu canso, berro, me descontrolo, choro, me descabelo, tenho vontade de sumir, me irrito (muito), reclamo, reviro os olhos… assim como todo mundo.

A vida não é uma linha reta e é por isso que se chama vida.

Essa campanha eterna de ser feliz na rede social e infeliz fora dela é insana. Duvidar da felicidade alheia e desacreditar que existe vida plena é uma insanidade.

Não é "não fazer drama" e, sim, "cuidar de si", "dos seus pensamentos", "do que dá para controlar". Todo dia eu escolho ser feliz e essa é uma forma incrível de começar meu dia.

Essa reflexão me levou a perceber outro padrão: o fracasso alheio, muitas vezes, conforta e o sucesso, quase sempre, incomoda.

Ao ver alguém triste, infeliz ou reclamando da vida, pessoas que compartilham desses sentimentos correm para abraçar os "infelizes", criando uma corrente de solidariedade. Mas não saem do mundo virtual. Não socorrem de verdade. Apenas se sentem confortados por não serem os únicos a sofrer.

Já o sucesso…

Ah, o sucesso é sorte, é falso, é perecível.

Pode apostar que logo, logo, aquela paixão acaba, o filho maravilhoso se torna problemático, o emprego dos sonhos termina em "pesadelo".

Outro dia encontrei um conhecido que me fez várias perguntas-teste sobre as minhas conquistas: ele acompanhava tudo, via tudo. Dei uma geral na minha *timeline* e percebi que ele não curtia nada. Fingia estar admirado, mas não queria me dar "popularidade". Vai entender…

Essas questões me levaram à minha segunda hipótese:

2. A GENTE COMPARTILHA AQUILO QUE TRANSBORDA

Consciente ou inconscientemente, é fácil notar que compartilhamos aquilo que transborda na gente.

Assisti a um filme que achei sensacional. Saio da sessão transbordando de ideias. Falo sobre isso em rodas de conversa, em reuniões da empresa ou em posts diversos.

Estou apaixonado por alguém. Transbordo felicidade, sorrio à toa, abraço de forma intensa, faço coraçõezinhos no caderno...

Estou de saco cheio do meu chefe. Não perco a oportunidade e falar mal dele para qualquer pessoa que pergunta: "Tudo bem com você?"

E por aí vai...

E o efeito colateral dessa hipótese é a contenção. Você já deve ter vistos *memes* do tipo:

"Não fale o que sente a qualquer um. Baú aberto não protege tesouro"

ou

"O segredo da felicidade é ser feliz em segredo".

Existem aquelas pessoas que também não compartilham seu conhecimento, pois trabalharam duro para conquistá-lo. Sair distribuindo o que sabe por aí vai torná-los menos interessantes ou diferenciados.

Será?

==Nessa piração de se conter, algumas pessoas explodem. Eu preferia que elas implodissem, mas nem sempre é assim que funciona.==

O DESAFIO DA COMUNIDADE

Independentemente do que você compartilha, é importante observar que você atrai pessoas parecidas, que pensam como você e gostam das mesmas coisas, por isso elas são suas seguidoras.

As pessoas se sentem motivadas a doar quando se identificam como membros de uma mesma comunidade.

Essa comunidade tem o poder de reforçar seu comportamento, seus sentimentos e suas crenças mais profundas. Por vezes, vejo pessoas criticando seus próprios seguidores, sem perceber que fazem parte do bando.

Olhe ao seu redor e será fácil concluir o que você está se tornando – exatamente aquilo que está atraindo.

Outro aspecto da comunidade é o impacto que você causa nela, dentro e fora das redes sociais.

O Léo, meu filho de seis anos, chegou na cozinha revoltado com uma frase que ouviu em um desenho:

"Mãe, o menino do filme disse que as mulheres não prestam. Ele está errado. As mulheres são demais, não é, mãe?"

E, na sequência, ele me deu um abraço apertado.

O impacto que causamos nas pessoas nem sempre é verbalizado em *likes*, comentários, salvamentos ou compartilhamentos. Nem sempre gera aquele textão no *direct* ou aquele *feedback* que começa com algo tipo "Obrigada por existir".

Às vezes, pode parecer que ninguém está vendo, que ninguém está curtindo ou interagido sobre determinado assunto em um dado momento, siga em frente. Continue dando seu melhor. Tem sempre alguém se inspirando em você.

Os filhos são um bom exemplo disso e esse retorno vem em atitudes como essas. Isso vale para o trabalho, os amigos, a família e os seguidores das redes sociais.

Mesmo as pessoas que fingem não lhe ver (para não dar moral, por inveja, discrição ou sei lá o que) também podem estar se inspirando em você.

A cultura do biscoito, o foco excessivo no tal *"growth"*, faz com que muita gente mude sua essência, sacrifique seus valores em busca de engajamento. Não seja refém do algoritmo. Para ganhar voz, você precisa escutar sua própria voz.

FAÇA CABER MAIS GENTE

Eu sempre fui muito competitiva. Ganhar, para mim, importa. Mas colaborar, compartilhar, também importa.

Sempre que eu ganhava uma competição de natação, por exemplo, me reunia com o time para contar como fiz para me concentrar, não titubear na largada e ganhar alguns milésimos de segundo a mais na virada.

O pódio, por vezes, é solitário. O bom de ganhar é se certificar de que você "pegou a manha". A graça da vida, para mim, está em compartilhar as artimanhas.

Não dispute espaço. Amplie o espaço. Ao chegar lá, faça caber mais gente.

O mundo que vivemos requer pensamento abundante. Em vez de apenas defender o território, amplie-o. Quanto mais de nós, mais de nós.

Você pode ser o primeiro, mas não precisa ser o único. E não é porque você desbravou, enfronhou-se em mato alto, que os outros precisam passar o mesmo. Facilite a passagem de mais gente.

Assim como a felicidade tem seu significado ampliado quando compartilhada, o sucesso faz mais sentido quando ajuda outros a também terem sucesso. Não precisamos competir. Podemos ganhar juntos.

NÃO SE ECONOMIZE

Conhecimento, energia, carinho, amor... tudo que é intangível se multiplica à medida que compartilhamos.

A vida é isso! É esse dar e receber. É o que a gente sente e o que a gente faz sentir. São nossas impressões sobre o mundo e as impressões que deixamos no mundo. É ser, estar, mergulhar, ir, deixar ir, não se apegar.

Compartilhar é também sobre validar o outro e demonstrar sua admiração, compartilhar seu tempo, sua atenção, seu interesse. Ao admirar o trabalho de alguém, lhe forneça um *feedback*. Ao ser impactado por algo que alguém compartilhou, agradeça. Ao utilizar algo que alguém publicou, referencie. Quando sabem como seu trabalho, seu conteúdo, sua energia fazem a diferença, as pessoas se sentem mais dispostas a contribuir. É círculo virtuoso e ele o cerca de coisas boas. Faça o algoritmo trabalhar a favor do seu crescimento, interagindo com aquilo que o impacta positivamente.

Não se economize. Aquilo que realmente importa, quanto mais a gente dá, mais a gente tem.

Tudo é efêmero demais para não ser vivido intensamente.

Você transborda e a vida devolve, mas não aja esperando o troco. Plenitude, verdade e intensidade. Vivenciando, sentindo, transbordando e compartilhando.

CRESCIMENTO

"Se você tiver a oportunidade de fazer coisas incríveis em sua vida, eu recomendo fortemente que você convide alguém para te acompanhar"

SIMON SINEK

• COMO O MEDO VIROU IMPULSO E O IMPULSO VIROU IMPACTO •

O ano de 2020 começou lindo: 133% da meta atingida em janeiro, 120% em fevereiro. Agenda do time lotada, grandes projetos e muitas viagens.

Eu estava no banheiro, terminando de me maquiar para fazer uma palestra. Sairia diretamente da convenção em Minas Gerais para outra, no Ceará, quando chegou a mensagem:

> "Carol, a convenção de amanhã foi cancelada.
> O cliente acabou de nos avisar. Volte daí pra Sampa".

Isso foi 11 de março de 2020 e a gente ainda não tinha ideia do que nos esperava.

Na segunda-feira, dia 16 de março, todos os nossos projetos já estavam cancelados, adiados ou em *stand by*. Entrei no banheiro do escritório, soquei a porta, falei muitos palavrões, sentei no vaso e chorei. Copiosamente.

Por que isso estava acontecendo conosco? E agora? Como iríamos cumprir nossos compromissos financeiros? O sonho acabou?

Lavei o rosto e me olhei no espelho. "Vamos dar um jeito", decidi por nós, com a certeza de que teria todo o apoio necessário.

O mundo precisa de nós! Nós treinamos equipes de vendas e o mundo vai ter de aprender a vender de uma forma diferente. A gente vai aprender rápido e, muito mais que sobreviver, vamos construir um legado.

Meu estado de espírito passou de desespero à euforia assim que saí do banheiro. Empreender é isso, não é sobre o negócio, é sobre o impacto que causamos no mundo. A gente não existe por causa de um propósito, a gente vive por causa dele.

A primeira providência foi pedir para todos trabalharem de casa. A segunda foi arrumar a casa. Eu ainda estava apavorada, mas muito motivada.

O MEDO VIROU IMPULSO

Na mesma tarde, me reuni com o time do financeiro e desenhamos um plano. O primeiro passo foi conversar com os clientes, oferecer alternativas, fazer novas promessas e manter o fluxo de pagamentos. Fomos ágeis e funcionou. Em uma semana, já tínhamos uma visão real do fluxo de caixa e, se mantendo tudo no seu lugar, nosso fôlego nos levaria até julho. Mas e depois?

Definitivamente, não tinha como viver de esperança. A fé de que até julho tudo seria como antes e, correndo um pouco mais, a gente voltaria para os trilhos, não seria suficiente.

==Reconhecer que nada seria como antes nos deu a agilidade necessária para mudar com consistência.==

Naquela semana, ainda fizemos algumas reuniões presenciais e não dormi uma noite sequer. O time de produtos começou a pensar em uma solução digital, comecei a abrir frentes com parceiros e a entrega caprichava em tudo o que não precisava de presença (diagnóstico, desenvolvimento de conteúdo, roteiro de vídeos e *e-books*).

Na reunião semanal do dia 23 de março, a quarentena já estava decretada. ==Havia um plano e a certeza de que ele seria revisado. Havia uma==

==estratégia e parte dela já estava sendo executada. Mas, acima de tudo, havia um time. Ou melhor, há. E que time!==

Todos estavam com medo, mas imbuídos de coragem. Nosso desafio era transformar esse medo em impulso e foi o que fizemos.

A reunião semanal passou a ser diária. Em vez de uma pauta justa e fixada em temas de negócios, o tom do bate-papo virou um *mix* de desabafo, brincadeiras, atualizações sobre a covid-19 e sessão de terapia. E, nesse contexto, surgiam muitas ideias. Eu entrava na reunião com o caderno cheio de *bullets* e saia delas com um mapa mental gigante.

Em vários momentos de empolgação, disparamos uma série de iniciativas que foram descontinuadas, mas que serviram para entendermos melhor o que fazia sentido. Precisávamos encontrar um oceano azul. Foi aí que decidi ir à fonte.

Abri o livro *A Estratégia do Oceano Azul* e pirei ao rever a matriz de avaliação de valor do *Cirque du Soleil*.

E se fizéssemos o mesmo com nosso serviço?

O que é valor para o nosso cliente?

Do que podemos abrir mão?

O que é imprescindível?

Como manter nossa essência no ambiente digital?

Como agir no atual contexto?

MATRIZ DE AVALIAÇÃO DE VALOR DO CIRQUE DU SOLEIL

Eixos: Preço, Astros circenses, Espetáculos com animais, Desconto para grupos, Espetáculos com vários picadeiros, Diversão e humor, Vibração e perigo, Picadeiro único, Tema, Ambiente refinado para os espetáculos, Várias produções, Música e dança.

Legenda: ■ Cirque du Soleil ● Circos regionais menores ▲ Grandes circos

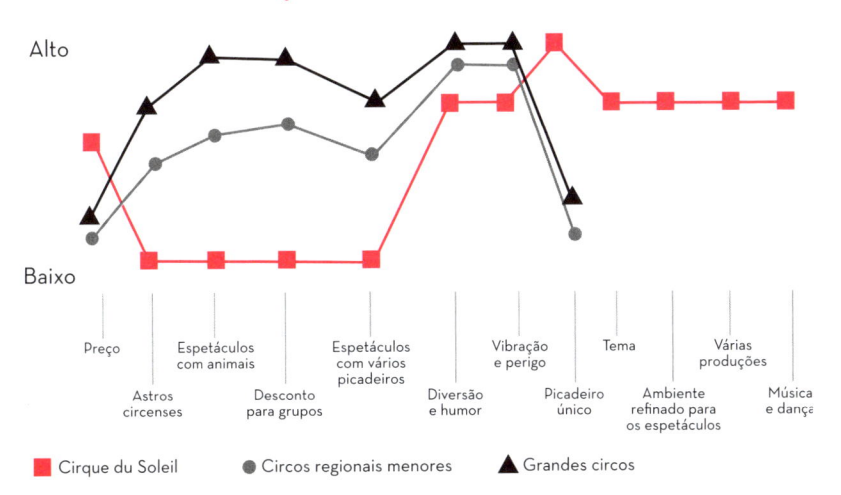

Eu estava muito energizada e ter o time na mesma *vibe* fez toda a diferença. Meu sócio na época, Ivan Correa, abraçou a causa e liderou o processo. Lembro-me de que, logo após uma das nossas reuniões cheias de *insights* mirabolantes, escrevi um texto no Instagram falando que, em meio a essa tempestade, a gente iria construir uma arca. Na enquete que fiz, 56% das pessoas disseram que isso seria possível. O resultado apertado me instigou a querer provar que isso era possível (quem me conhece sabe o quanto eu amo desafios).

Na noite daquele dia, finalizei a leitura do livro *O lado difícil das situações difíceis*. Duas frases me chamaram atenção durante a leitura: "Se você tem de engolir um sapo, engula inteiro de uma só vez" e "As coisas dão errado mesmo para quem sabe o que está fazendo".

Estômago embrulhado e coração acelerado. Eu estava a mil. Cheia de ideias e mobilizando o mundo para executá-las. Comecei a enxergar o momento como uma superoportunidade de fazer um monte de coisas que ficavam para depois.

Eu estava decidida: iria construir uma arca em meio à tempestade. Precisava fazer caber mais gente.

O que era uma possibilidade virava oportunidade. O que era uma ideia bacana virava prioridade.

Assim nasceu nosso primeiro produto 100% digital. Lançamos o MVP e validamos a estratégia com clientes. Adotamos uma versão beta e colocamos o bloco na rua.

Pela primeira vez, havíamos investido em marketing digital: patrocinamos *posts* em redes sociais, investimos em *adwords* e implementamos uma rotina de envio de e-mail marketing. Enquanto a maioria das pessoas reduzia a velocidade, a gente acelerava. Tínhamos ideia da direção e pressa.

Certos de que a tecnologia nos colocaria em pé de igualdade, afinal, não havia opção, mas o que permite a diferenciação é a humanização – nosso foco foi ampliar o diálogo com a equipe, os clientes, os *prospects* e a nossa audiência. A ideia era investir nos pacotes tanto de dados como de voz.

Adotamos as seguintes premissas:

Tecnologia iguala. Humanização diferencia.

Estar junto não é físico.

Compreendemos rapidamente que presença tinha mais a ver com disposição do que com posição.

Entregas feitas em ambiente preparado, redundância na internet, consultores ministrando aula de pé para manter a energia em alta, muitas metodologias ativas para promover a interação. Estavam todos se acostumando e a gente querendo criar tendência.

Pivotamos a nossa maneira de entregar, migrando 100% para o ambiente digital, mas mantivemos a nossa essência por meio de soluções educacionais totalmente customizadas à realidade dos nossos clientes. A estratégia estava redonda, o desafio era partir para a execução.

Aí veio um novo, real e urgente desafio: preparar o time para cumprir essa promessa. Alguns ainda estavam desconfiados da nova metodologia. Outros, incomodados. E ainda havia aqueles que não se sentiam confortáveis em falar para uma câmera.

Começamos a treinar entre nós. Todos preparam apresentações e foram submetidos a rodadas de *feedback*. Todos colocaram suas caras nas *lives*, que passamos a promover diariamente em nosso Instagram (segue lá: @posicionaoficial). Todos começaram a estudar tecnologia, metodologias ativas e a produzir vídeos. Mas precisávamos de um teste de fogo.

Unimos o útil ao agradável e abrimos duas turmas-piloto, totalmente gratuitas, para ajudar o varejo a se preparar para vender naquele momento e continuar a vender depois. Em uma semana, pilotamos nosso produto digital de forma completa: mentoria, vídeos de preparação, *assessment*, *workshops* síncronos, atividades em grupo e em dupla e certificação. Deu certo! A gente aprendeu ensinando. A gente cresceu compartilhando. Ver o impacto do que estávamos realizando nas pessoas, em suas vidas, nos seus negócios, assim como os resultados, foi a cereja do bolo.

O time experimentou, aprendeu, ganhou a confiança necessária para dar o seu melhor. E cresceu: contratamos um *video*maker e um motorista. Precisávamos de profissionalismo e segurança.

O caixa que nos levaria até julho, encurtou sua jornada. Mas a crença de que o plano seria capaz de mudar o contexto era maior que o medo de não dar certo. Investimos naquilo que seria capaz de nos levar ainda mais longe.

O IMPULSO VIROU IMPACTO

Em 60 dias, a Posiciona tinha impactado o dobro de pessoas que já tinha impactado em toda sua existência: foram mais de 50 mil pessoas diretamente envolvidas em nossas entregas digitais.

De repente, os números passaram a ser irrelevantes.

Era impossível mensurar as melhorias que provocamos no mundo. Em nosso mundo e no mundo daqueles que decidiram embarcar em nossa arca.

Recuperamos clientes e conquistamos muitos outros.

Os *feedbacks* de "conexão", "linguagem próxima", "funcionalidade" e "presença" foram os que mais se destacaram nas experiências de aprendizagem que conduzimos.

Sobrevivemos, reforçamos nosso posicionamento e estávamos construindo um legado.

INSPIRAÇÃO PARA SEGUIR SEMPRE EM FRENTE

O nosso jogo se tornou infinito!
- Em vez de concorrentes, convivemos com parceiros de propósito;
- Em vez de fornecedores, nos tornamos aliados de referência;
- Em vez de ensinar como vender, passamos a convocar as pessoas a refletir sobre o porquê de vender;
- Em vez de fazer uma venda, entendemos que colaboramos com vidas.

Em 10 semanas, além das nossas entregas, conseguimos gerar valor para as pessoas e ajudar os mais necessitados, afinal, apesar de estarmos todos na mesma tempestade, não estávamos no mesmo barco. Mas, como nossa arca tem alma grande, nela cabe muita gente.

Realizamos o *Reposicione-se*, um evento com o objetivo de ampliar a consciência e o conhecimento de profissionais em busca de recolocação.

Por meio dele, arrecadamos cestas básicas para comunidade do Jardim Colombo e proporcionamos oito palestras incríveis com grandes especialistas que inspiraram e instrumentalizaram pessoas que vivem uma grande crise em suas vidas pessoais: a busca por um emprego.

Em conjunto com três grandes parceiros (a ABTD, a Leo Learning e a ISAT), promovemos o *Sales Summit* – o melhor fórum de treinadores de equipes de vendas do país. Também ao vivo e online, com 20 *speakers*, quatro sessões de *benchamarking* colaborativo, o evento arrecadou oito mil reais em doações para o Lar Ana Júlia.

Disponibilizamos *workshops*, mini-*classes* e *lives*, que inspiraram nossa comunidade a seguir com consciência, coerência, consistência e coragem.

O ano de 2020 terminou com meta batida, equipe ampliada, clientes satisfeitos e uma certeza: quando transbordamos o nosso melhor, a vida retribui.

UMA HISTÓRIA SEM FIM

Sonhar grande e sonhar pequeno podem até dar o mesmo trabalho, mas realizar grande e realizar pequeno dão trabalhos muito diferentes.

Há quatro anos, decidi me dedicar a um sonho: impactar o mundo por meio das vendas. Vendas movem o mundo e "empoderam" pessoas. Quando ampliamos a consciência de cada profissional sobre o seu papel, revitalizamos a maneira de fazer negócios, nós humanizamos a relação entre marcas e pessoas.

A Posiciona já nasceu grande. Grande em propósito, grande em equipe e se torna cada vez maior por conta do seu impacto.

Ao longo desses quatro anos, foram mais de 300 mil pessoas impactadas, mais de 300 mil vidas diretamente transformadas. Os resultados dos nossos clientes corroboram com a importância que damos ao ser humano na geração de valor das transações comerciais. Não é sobre colocar o cliente no centro, é sobre entender que pessoas são o centro. Enquanto as paredes iam ao chão, as pessoas mantiveram as engrenagens funcionando.

Somos uma empresa de sucesso.

Sucesso é ser feliz na jornada. É estar onde se deseja estar. É ter condições de fazer seu melhor.

Sucesso é algo intangível, assim como o que ele representa para mim: sucesso é ser feliz.

Ser feliz é poder viver em um contexto onde podemos nos doar por inteiro e nos tornar ainda maiores.

COMPREENSÃO

"Por muito tempo, aceitamos que deveríamos ficar satisfeitas com o que nos cabia porque tínhamos vergonha de exigir. Estamos vendo que 'bom o suficiente' não é o bastante"

GLENNON DOYLE

· QUANDO A GRATIDÃO ATRAPALHA ·

Uma das coisas que mais vemos no final do ano são pessoas agradecendo e/ou finalizando seus textos com a hashtag #gratidao.

Uma das mais profundas reflexões que tenho feito é que o excesso de gratidão pode ser perigoso.

Em alguns momentos, somos tão gratos a alguém que não conseguimos partir para outra, virar o disco, desapegar, ir.

É comum ver isso no trabalho, no casamento e com amizades. Por exemplo:

Foi trabalhando nessa empresa que consegui comprar minha casa, não farei a coisa certa indo para outro lugar.

Essa pessoa foi tão boa para mim durante toda vida que não posso pedir o divórcio, mesmo não a amando o suficiente.

Quando cheguei na faculdade fulano foi a primeira pessoa a me convidar para almoçar. Não é justo não almoçar com ele sempre que me convidar, agora que estou enturmada.

Existe uma expressão muito utilizada na Psicologia, que explica um pouco isso: chama-se "escalada do comprometimento". É o tipo de situação na qual uma decisão irracional tem por base decisões racionais tomadas em circunstâncias passadas.

Sabe quando você está no ponto de ônibus e decide esperar pelo veículo que o levará diretamente ao seu destino, mas ele não passa? Passam vários outros que o levariam por meio de baldeação, mas, por já ter rejeitado alguns deles, você não abre mão de esperar o ônibus direto, pensando: "Agora que já esperei tanto tempo, recuso-me a entrar em um ônibus que poderia ter pegado há uma 1 hora".

E, por isso, continua no ponto.

Em algumas situações, agimos do mesmo jeito e continuamos no ponto esperando que o plano original se realize.

==Quando se é grato a alguém, muitas vezes, a gente se pega nesse tipo de situação: presos por gratidão, mesmo quando não faz mais sentido continuar ali.==

Quando compreendemos que a vida é feita de ciclos e que precisamos uns dos outros, fica mais natural compreender que a vida é mesmo um "dar e receber".

Muitas vezes, um simples "valeu, foi bom, adeus" é suficiente.

É preciso saber como se despedir. Libertar-se de um relacionamento que ainda existe apenas pelo excesso de gratidão se faz necessário.

São ciclos da vida, sou grata, respeito a história do outro, mas não preciso carregá-las comigo.

HO'OPONOPONO

Meu primeiro casamento durou 14 anos. A gente se conheceu quando eu tinha 18 anos, namoramos um ano e, logo, fomos morar juntos. Meu ex-marido é um ser humano incrível. Além do amor que sempre nos uniu, a gratidão por toda devoção dele a mim e à nossa relação era algo que pesava bastante na manutenção do casamento.

Só de usar a palavra "pesava" já dá para perceber que havia algo de errado, né?

Eu o amava, mas não o suficiente para viver junto por toda uma vida. Não teve briga, estresse, mágoa. Simplesmente acabou. Acabou, mas levamos anos para nos separar.

Assim que nos divorciamos, fui invadida por um péssimo sentimento de traição.

Como assim eu "dispensei" alguém tão bom e que me amava tanto?

==Era como se ele não merecesse viver aquilo. Eu me sentia suja, má.==

Foi quando conheci o Ho'oponopono, uma prática milenar havaiana. O Ho'oponopono é uma oração de cura e perdão, que purifica o corpo, a alma e que tem como objetivo liberar o passado de quem o pratica. Por meio dele, as dores, as mágoas e as energias negativas se dissipam.

A oração original do Ho'oponopono é composta de quatro frases principais, que podem ser repetidas como um mantra ao longo do dia.

Eu sinto muito.

Me perdoe.

Eu te amo.

Sou grato.

O tempo passou, o foco mudou, muitas coisas aconteceram e esse deixar fluir, sem peso, sem pressão, me permitiu abrir espaço para o novo.

COMPREENSÃO

Compreender que um ciclo acabou, que quem esteve ao seu lado nele foi importante e ser grato por isso é suficiente.

Assim como compreender que, fazendo bem a si, você também o faz ao outro.

É um alívio, aos poucos, ampliar minha compreensão sobre mim. Conseguir me aceitar mais e tirar de mim um peso que não é meu é libertador.

Como diria Marilyn Ferguson: ==*"No fundo, sabemos que o oposto do medo é a liberdade".*==

Ser grato é reconhecer um ato, uma situação, uma dádiva. É comum que esse sentimento de dívida exista e que, quando possível, possamos retribuir.

No entanto, é importante ampliar a consciência sobre os momentos em que ser grato ultrapassa essa emoção e se torna um problema para sua evolução ou, até mesmo, para sua felicidade.

Tenha certeza de que, se quem despertou sua gratidão o fez de coração, o que essa pessoa mais quer é vê-lo vivendo em plenitude, e não ficar ao seu lado apenas como um ato de reciprocidade sem fim.

Seja grato em liberdade, pratique atitudes que tornem pessoas gratas a você sem esperar nada em troca. E siga em frente. A vida precisa de espaço para acontecer.

CASUALIDADE

"Eu continuo com os pés no chão,
só que agora uso sapatos melhores"

OPRAH WINFREY

· VOCÊ JÁ PAROU PARA PENSAR NA SORTE QUE VOCÊ TEM? ·

Eu nunca acreditei em sorte.

Sempre que alguém me desejava "boa sorte", eu respondia:

Obrigada, mas sorte é para quem merece. Deseje-me sucesso.

Fui forjada a acreditar que tudo é possível para quem faz por merecer, que basta desejar com muita força e fazer acontecer que é possível realizar todos os nossos sonhos.

E confesso: eu não desacredito disso, mas, hoje, reconheço que o caminho é mais suave para uns do que para outros.

Se você está lendo este livro, então você é uma pessoa de sorte: você teve acesso à escola, aprendeu a ler e hoje tem recursos para comprar esse livro (por sinal, depois deixe uma avaliação sobre ele na Amazon) ou tem a sorte de contar com um amigo que lhe deu de presente ou o emprestou ou uma empresa que enviou o livro como parte de algum *kit de employer branding*.

Se sabe o que significa *employer branding*, você tem sorte. Sabe alguma coisa de inglês ou tem acesso ao termo em redes sociais ou na empresa para a qual trabalha.

Se trabalha, você tem sorte...

Aff, Carol, essa sorte não acaba nunca?

Se acaba? Claro. Afinal, você pode até ser uma pessoa de sorte, mas precisa manter essa sorte.

OS DOIS TIPOS DE SORTE

Eu estava grávida da Ursula quando os hormônios (sempre eles) começaram a me levar para uma "noia".

Certeza de que algo de ruim vai acontecer na minha vida. Alguma catástrofe me espera. Tudo na minha vida dá tão certo que está óbvio que alguma coisa vai dar errado.

Eu estava tão angustiada com esses pensamentos que decidi não ir trabalhar (olha só que sorte poder me dar ao luxo de escolher isso). Lembro-me de ligar para minha obstetra, que também é minha amiga e se tornou minha comadre depois que a Ursula nasceu, para compartilhar esse sentimento estranho. Ela me consolou dizendo:

"Conheço você desde criança e sua vida não foi sempre um mar de rosas. Você já passou muito perrengue. Os hormônios devem ter feito você esquecer disso. Descanse, relaxe e mude essa vibe. Não tem motivo para cultivar esse tipo de pensamento."

Pedindo assim, com jeitinho, a gente reanima, né?

Foi, então, que comecei a pensar que existem os dois tipos de sorte:

1. A sorte que vem de graça
2. A sorte que a gente faz por merecer.

A sorte que vem de graça é a sorte de ter saúde, ter sido criada por pessoas que me protegeram, me amaram, cuidaram de mim e me educaram. Eu realmente tive a sorte de ter nascido em uma família que pôde me oferecer tudo quando eu não tinha condições de me prover nada. Eu tenho sorte de, no meu caminho, ter cruzado com tanta gente do bem, disposta a me ajudar. Tive a sorte de nunca ter me envolvido em um acidente, de não estar no lugar errado, na hora errada. Tive a sorte de ter tido dois filhos e tenho a sorte de viver um amor tranquilo (com sabor de fruta mordida).

Nada disso eu fiz por merecer. Veio de graça.

Tenho a sorte de ter consciência de que, apesar disso tudo, eu mereço mais e que, para isso, preciso fazer minha parte.

Nesse mesmo dia, comecei a assistir *Designated Survivor*. Essa série conta a história do único sobrevivente de um atentado terrorista ao capitólio, que dizimou o governo dos Estados Unidos. Como, por alguma infelicidade, o protagonista da série não estava na cerimônia quando aconteceu o atentado, ele se tornou o sobrevivente a assumir o cargo máximo da política mundial: presidente dos Estados Unidos.

Uma cena me fez pensar nisso tudo. O personagem principal, Tom Kirkman, dizia se sentir "culpado" por ter tido a "sorte" de ter sobrevivido. Ele afirmou que, durante um tempo, sentia-se mal com a situação, mas que agora ele entendia que ==“pessoas de sorte como eu só têm uma coisa a fazer: RETRIBUIR”==.

E eu fiquei com isso martelando em minha cabeça.

RETRIBUIR E MERECER

Quase todas as frases sobre sorte tratam-na como uma questão de merecimento, mas sorte também é uma questão de *casualidade*.

Hoje, fala-se muito em privilégios. Uma explicação que li sobre o tema foi dada por um profissional de TI (tecnologia da informação).

Segundo ele, em sua área profissional, privilégio é o nome dado à permissão que apenas alguns usuários possuem, dentro de um sistema, para executar determinadas ações ou acessar determinadas áreas, como, por exemplo, criar ou alterar um arquivo.

Simples assim. ==Se todos têm acesso ou controle sobre algo, então não há privilégio. Privilégio existe somente em relação a outros não terem as mesmas possibilidades ou vantagens.==

Alguns privilégios são dados de acordo com o cargo que uma pessoa ocupa em determinada organização. Outros estão relacionados a habilidades desenvolvidas e esforço pessoal. São os privilégios de quem faz por merecer.

Mas existem privilégios que são fruto do acaso, como as condições físicas e de saúde com as quais nascemos ou nossa idade. Eles podem significar mais ou menos privilégios em certos contextos no decorrer da vida.

Existem outros privilégios por causa da forma como nossa sociedade se estrutura e das relações de poder nela existentes. De acordo com as condições nas quais uma pessoa nasceu, ela terá mais ou menos acesso a certas coisas, incluindo até mesmo ter ou não suas necessidades básicas na infância atendidas e o acesso à escola, por exemplo. Parece duro, mas é quase um azar que vem de graça, afinal, independentemente de sua condição, ninguém escolhe estar em um contexto desprivilegiado.

É aqui que quem tem sorte de graça precisa atuar. Retribuindo essa sorte para aqueles que não tiveram acesso a ela. Criando condições de equidade que passam pela ampliação da consciência sobre seus próprios privilégios.

Sabe aquela frase clichê "quanto mais a gente agradece, mais coisas boas acontecem"? Então, é sobre isso.

==Quanto mais retribuímos ao mundo a nossa sorte, seja qual for ela, mais criamos um mundo onde as pessoas não precisarão dessa sorte para desfrutar do que merecem.==

Talvez, diante dos desafios que a vida nos impõe, nós nos esqueçamos desse tipo de sorte.

Lembro-me de que, uma vez, no início da adolescência, eu estava frustrada por ter perdido alguma "parada" e meu pai disse:

"Filha, você é uma vencedora. Venceu a principal corrida, a da vida! Em meio a milhões de espermatozoides, foi você que chegou lá".

Achei bonitinho, sorri e continuei frustrada.

Hoje, entendo o tamanho dessa sorte: a de vencer a corrida da vida, a de superar tantos obstáculos que ela nos impõe até o nascimento e a de ter um pai capaz de me dar essa força em um momento difícil.

Hoje, completo a dica do personagem Tom Kirkman: diante da sorte que a gente recebe de graça, precisamos agradecer, aproveitar e retribuir.

Olhe ao seu redor e identifique o quanto de sorte o rodeia. ==Seja grato e use a sua sorte para ser a sorte na vida de alguém.==

CAUSA

"Só existem dois dias no ano em que nada pode ser feito. Um se chama ontem e o outro se chama amanhã. Portanto, hoje é o dia certo para amar, acreditar, fazer e, principalmente, viver"

DALAI LAMA

· VOCÊ ESTÁ PERDENDO TEMPO? ·

"De segunda a sexta, eu vou trabalhar como corretora de imóveis. Preciso de um emprego de verdade. Nas horas vagas e nos finais de semana, eu vou fazer minha música."

Ouvi esse depoimento durante uma conversa de bar com um casal de amigas. Devo ter feito uma careta na hora, porque a reação das minhas amigas parecia dizer: *por favor, fale para a gente o que você acha dessa decisão*.

"Eu acho que você está perdendo tempo"

E dei uma mordida na comida, para conter todo o resto do discurso que eu já tinha elaborado.

"Por que você acha isso?"

Continuei mastigando e meio que "forcei" minha amiga a continuar:

"Fiquei muito tempo tentando viver de música, mas as contas não entendem que o sucesso demora a chegar. Não quero perder a independência que lutei para conquistar. Precisei buscar uma alternativa. E estou exausta. Faço 250 ligações por dia. Chego bem cedo, saio tarde, mas, daqui a pouco, vira", justificou.

"Entendo. Esse empenho todo é porque você só vai ganhar comissão, né?", perguntei e voltei a comer.

"Eles pagam uma ajuda de custo pela geração de leads que fazemos com as ligações. Mas dinheiro mesmo a gente ganha quando vende um apartamento. Tô trabalhando um lançamento top", ela falou, incialmente desanimada e depois empolgada.

"Entendi", continuei. *"Pela experiência da empresa e com esse seu empenho extra, você vai vender um primeiro imóvel quando?"*, quis saber.

"Ah, pelo que ouço o pessoal falando, os mais dedicados fecham um negócio em até três meses".

Permaneci calada, esperando ela desenvolver.

Depois que ela entendeu aonde eu queria chegar, continuou:

"Com todos os trâmites legais, idas e vindas de negociações, devo receber um primeira comissão cheia em... seis meses!", e deu gole na cerveja.

"Mas deve ser uma bolada, né?", tentei animar minha amiga, que, a essa altura, já estava caindo em si.

"É o que eu estava pensando aqui. O valor mais alto no meu portfólio é 900 mil reais. Se eu vender nesse preço, ganho aproximadamente 27 mil reais de comissão e pago os impostos. Se eu levar mais três meses para vender outro, serão nove meses". Começou a fazer contas e rabiscar um guardanapo, concluindo na sequência: *"Isso significa... três mil por mês"*.

"Ah, mas é só no começo. Depois de um tempo, quando você pegar a manha, vai vender mais imóveis em menos tempo e, provavelmente, de um valor mais alto. Além disso, você ganhava menos com música, certo?", fingi estar buscando um motivo pra concordar com a decisão dela.

"Depende. Às vezes mais, às vezes menos. Mas todo mês rolava alguma coisa. O que tô pensando aqui é no tempo da minha vida que vou gastar até fazer sucesso como corretora...", ela respondeu, cabisbaixa.

Senti que o clima tinha ficado triste para a ocasião, mas percebi também que, no fundo, minhas amigas queriam me ver para serem provocadas, então eu disse:

"Amiga, vou lhe fazer umas perguntas. Não precisa responder. Só pense e depois tire suas conclusões, ok?"

- Quanto tempo na semana, hoje, você trabalha totalmente focada para vender os imóveis do seu portfólio?
- O quanto acredita naquilo que vende? Você acha que leva jeito para convencer outras pessoas de que sua opção é a melhor opção?
- Como se sente ligando na "cara de pau" para tanta gente que não a conhece e, segundo o que me explicou, está sendo contatada sem ter demonstrado nenhum interesse pela sua oferta?
- Ao final do dia, você se sente feliz?

E, então, lancei a pergunta fatal:

- Se você se disciplinasse a dedicar todo esse esforço à sua música, com a mesma carga horária, intensidade, emprego de novas competências etc., você acha que teria um resultado mais expressivo do que teve até agora?

A essa altura, ela parecia zonza. Sua companheira olhou para ela, apertou sua mão fortemente e falou: *"Não disse?"*

Ela bebeu a cerveja quase em um gole e respondeu:

"Você tem razão. Eu tô perdendo tempo".

Meu objetivo com essa conversa toda não era ter razão. Eu tive um palpite considerando o que conhecia das minhas amigas e quis provocá-las a repensar onde estavam gastando sua munição.

FAZER O QUE NÃO GOSTA PARA FAZER QUE GOSTA

Quando eu vim morar em São Paulo, em 2008, meu objetivo era ser consultora educacional e me especializar na área de vendas. Lembro-me que escrevi em um planejamento pessoal:

<u>Ser reconhecida nacionalmente como uma consultora especialista em vendas.</u>

A empresa que me contratou era bem pequena e meu chefe me deu o cargo de Key Account Manager. Eu nem sabia o que era aquilo direito, mas tinha entendido meu trabalho.

Liguei para meu pai, empolgada, contando sobre minha nova função e detalhando minhas atividades. Eis que ele lançou um: "Entendi, você é vendedora na empresa".

Que balde de água fria. Eu queria ser consultora, estava doida para me livrar de vendas, pois a vida inteira tinha me dedicado a essa ocupação e sentia que era hora de alçar voos mais altos. Além disso, eu não gostava de ligar para pessoas que mal conhecia, marcar reuniões para apresentar a empresa, elaborar propostas, cobrar retorno e usar mil e um argumentos para convencer o cliente que erámos a melhor opção.

Lembro que, uns três meses depois, eu estava exausta. Pensava em desistir. Era domingo à noite e aquela musiquinha do Fantástico me deu arrepios.

Uma das entrevistas era com Marisa Monte. A entrevistadora fez um *overview* de sua carreira e lançou a seguinte pergunta:

"*Deve ser muito bom ser a Marisa Monte, afinal, você só faz o que gosta, certo?*"

A diva máster deu uma risada, se jogando para trás, e voltou dizendo:

"É, sim, muito bom ser a Marisa Monte, mas eu não faço só o que gosto. Para fazer o que gosto, tenho de fazer *muita coisa que eu não gosto*".

Na sequência, relatou um monte de coisas chatas e desgastantes que faziam parte de sua rotina. Sim, da rotina dela. Não eram coisas pontuais. E finalizou:

==*"Ninguém faz só o que quer. A gente faz muitas coisas que não quer, para fazer o que quer. Eu faço com prazer, com alegria e sem reclamar coisas que eu não quero, porque acho que isso é importante para fazer as coisas que eu quero."*==

Era isso! Eu amava estudar, construir conteúdo, me conectar a pessoas, impactar suas vidas, estar em sala de aula. Mas, para fazer isso, eu precisava vender os programas de treinamento, os *workshops* e as palestras.

No meu caso, esse *insight* me fez "ganhar" em dobro. Além de vender com mais entusiasmo e fechar muitos negócios, esse período foi fundamental para aumentar meu repertório de vendas no segmento B2B. Como uma especialista no assunto, vivê-lo fez toda diferença.

O SENTIDO DO TRABALHO

Qual a sua causa? Para que você existe? Qual o seu propósito?

"Propósito" virou mesmo uma palavrinha da moda, mas assim como, aos 18 anos, é difícil escolher "o que você vai ser quando crescer", durante toda a vida, é difícil definir o seu propósito.

Muito se fala sobre a tal ikigai.

Ikigai é uma filosofia de vida da ilha de Okinawa, localizada no sul do Japão, onde as pessoas são mais felizes, vivem, em média, mais de 100 anos e com alto nível de propósito. Ela representa um caminho para a felicidade e o propósito, independentemente de qualquer religião ou crença.

Em japonês, ikigai significa *a razão pela qual eu acordo todos os dias pela manhã ou razão para viver,* conceito que traz ao universo do desenvolvimento humano a busca pelo *sentido* para tudo o que realizamos.

No Ocidente, o ikigai virou um método que consiste em identificar seu propósito, que é o encontro de quatro questões fundamentais:

- O QUE EU AMO FAZER?
- O QUE EU FAÇO BEM FEITO?
- O QUE FAZ BEM AO MUNDO?
- O QUE O MUNDO ME PAGA PARA FAZER?

É desafiador encontrar algo que seja a mesma resposta para as quatro perguntas.

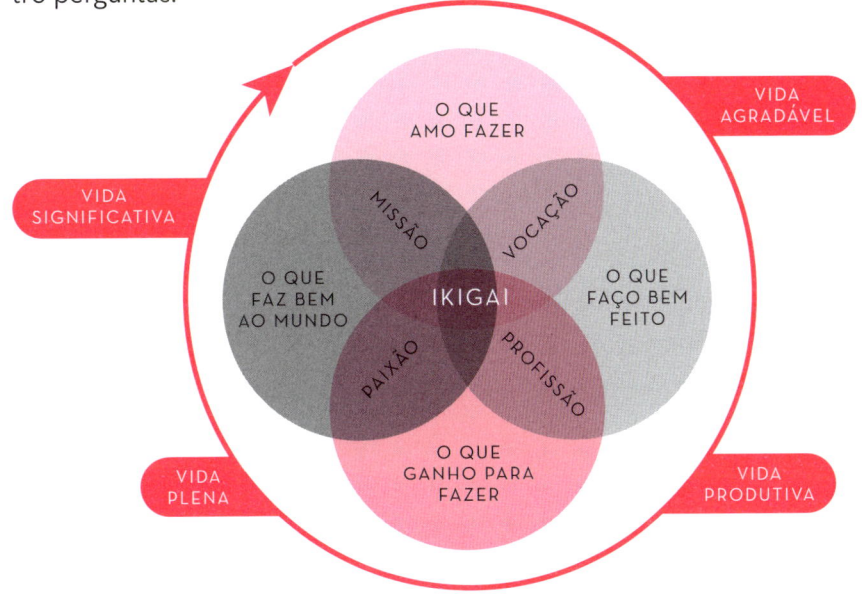

Talvez você ainda não tenha um propósito definido, mas é importante reconhecer o sentido daquilo que você faz e sentido tem a ver com impacto no todo, seja naquilo que você se dispôs a fazer pela sua empresa, seja aquilo que se conecta aos seus objetivos. Precisa fazer sentido para o objetivo, para o caminho que você se comprometeu a trilhar.

No auge da discussão com minhas amigas, eu perguntei:

"Considerando que você continue nesse trabalho de corretora. Como ele se conecta ao seu objetivo maior?"

O objetivo maior, naquele momento, pode ser "pagar minhas contas", e tudo bem. A questão é *"será que não existe outra coisa que você possa fazer que, além de pagar suas contas, o mantenha na direção do seu desejo?"*.

O PREÇO DA VIDA

Tempo não é dinheiro, tempo é vida. Aprendi isso com meu amigo Fred Alecrim e repito aos quatro cantos. Quando você investe seu tempo em alguma coisa, você está investindo sua vida naquilo.

Henry David Thoreau tem uma frase brilhante, que diz: "O preço de qualquer coisa é a quantidade de vida que você troca por ela".

Eu adotei duas perguntas que me ajudam a escolher a que área vou dedicar minha vida.

A primeira nos questiona sobre o sentido da tarefa. A segunda, sobre a intensidade.

1. Para que estou fazendo isso?
2. Por que estou fazendo desse jeito?

PARA QUE EU ESTOU FAZENDO ISSO?

- Se conecta aos meus objetivos?
- Gera impacto nos meus resultados?
- Contribui para a vida de alguém?
- Vai me fazer feliz?
- Vai fazer alguém feliz?

==Se você não souber para que está fazendo alguma coisa, pare de fazê-la.==

POR EU ESTOU FAZENDO DESSE JEITO?

- Esse é o melhor jeito possível?
- Tenho segurança de que vai causar o impacto desejado?
- Se conecta às pessoas para as quais estou fazendo isso?

==Se você não tiver segurança sobre como percorrer o caminho escolhido, amplie o mapa, peça ajuda, avalie alternativas. Direção é mais importante do que velocidade.==

A ideia não é começar pelo mais fácil ou mais difícil. A ideia é começar pelo mais importante. Quando você tem clareza da sua causa, fica mais fácil decidir o que realmente importa.

A vida não tem tolerância para quem cumpre tabela.

FOCO É FORÇA

Em uma cena do filme *Amor sem Escalas*, o personagem de George Clooney faz uma provocação brilhante para uma das pessoas que ele está demitindo, tentando reconfortá-la:

"Quanto lhe pagaram para você desistir dos seus sonhos?"

E completa:

"Quando você prometeu a si mesmo que ia parar?"

É como a historinha do sapo jogado na água fervente (que pula e se salva) e do sapo que morre cozido enquanto vai se acostumando com a temperatura da água.

Durante a conversa com minha amiga, eu conseguia enxergar o que fazia mais sentido, mas era preciso que *ela* enxergasse. A conversa, no final das contas, não era sobre ela desistir da ocupação atual, mas persistir com a mesma intensidade na sua causa.

Mas, como disse Hipócrates: ==*"Antes de curar alguém, pergunte se ele está disposto a desistir das coisas que o deixaram doente"*.==

Quando você está consciente do que deseja, da sua causa, do que possui e das possibilidades à sua frente e ao seu redor e age com coerência no presente para conectar o passado ao futuro desejado, as coisas começam a acontecer.

Não será rápido, nem fácil, e você provavelmente terá de ajustar a rota. Às vezes, é preciso mudar o plano para alcançar a meta.

Mas, a partir daí, é buscar a consistência necessária por meio da aquisição e desenvolvimento de novas competências, mentores e conselheiros e persistir na direção que você acredita.

Como diria David Star Jordan: "*O mundo se afasta e dá passagem para quem sabe aonde vai*". A nós, resta o caminhar, o correr, tropeçar e continuar.

O quanto você está colocando seu esforço na direção da sua causa?

Não adianta esperar um alarme se você não liga o despertador. Para que qualquer mudança aconteça, é preciso ação, sua ou de alguém. Os sinais, as sincronicidades e as coincidências acontecem quando existe movimento. Viver à espera de um milagre é subestimar a própria fé.

CHORO

"O choro vem perto dos olhos para que a dor transborde e caia.
O choro vem quase chorando, como a onda que toca na praia.
Descem dos céus ordens augustas e o mar leva a onda para o centro.
O choro foge sem vestígios, mas deixando náufragos dentro!"

CECÍLIA MEIRELES

· EMPREENDEDORES TAMBÉM CHORAM ·

Vira e mexe, leio depoimentos de funcionários estressados com seu dia a dia e a pressão do trabalho. Frequentes também são os relatos de quem está desempregado e seu desespero em não conseguir pagar as contas. Pessoas que choram escondidas no banheiro da empresa, no silêncio do quarto e nas redes sociais. Todos eles legítimos.

O choro é uma manifestação emocional.

O choro é um recurso utilizado pelo ser humano para comunicar dor, frustração, mas também comoção e empatia. Todos choram. Empreendedores também.

SOBRE O EMPREENDEDOR

Ao abrir um negócio, você coloca seu dinheiro, sua energia, sua competência, sua vida para fazer dar certo. E creiam: a maioria das pessoas que decide empreender não tem como principal motivação ficar rico. Isso é consequência de uma série de fatores que só costuma aparecer nas biografias, sejam elas autorizadas ou não.

Quando um negócio dá certo, os empresários são taxados de gananciosos, malandros, egoístas e por aí vai.

E, quando não dá, ou não está dando, somos sonhadores, corremos riscos demais ou até enlouquecemos tentando fazer algo que "não faz mais sentido" performar.

==Empreender é difícil. Gerir uma empresa também.==

- Impostos altos sobre os quais você não vê retorno;
- Contratos com prazo de pagamento de 45, 90, 120 dias após entrega, que ferram seu fluxo de caixa;
- Empregados que nem sempre compartilham do seu propósito, empregados que fazem o "feijão com arroz" e querem receber pela lagosta;
- Clientes exigindo além do combinado e você fazendo porque ele é "estratégico";
- Prazos curtos, falta de braço, de cabeça, de coração;
- Pressão de todos os lados: da sua família, dos seus sócios, dos seus colaboradores, dos seus clientes, dos seus concorrentes.

==Gerir um negócio seu é um conflito eterno entre o ego, a alma e o corpo.==

Um nível de exaustão física e emocional e, muitas vezes, uma ausência total de ajuda, de apoio e de empatia.

Sim, empatia. Afinal, ela vale para todos os lados.

Analise este exemplo:

- Você se sente pressionado para conseguir pagar as contas no final do mês? Imagine conviver com a pressão de uma folha de pagamento que vai impactar as contas de muitas outras pessoas.
- Você se sente injustiçado ao pagar IPVA, IPTU e IR? Adicione a isso uma série de outros impostos que levam diretamente, pelo menos, 25% de tudo que você fatura.
- Você se sente cansado por causa do jeito de liderar do seu chefe? Normalmente, você só tem um chefe. Já pensou como seria lidar com dezenas deles, todos achando que você pode dar (ainda mais) seu melhor?

- Você se sente preterido quando um colega é promovido por conta de politicagem? No mundo dos negócios, é comum um concorrente "ganhar" de você utilizando caminhos poucos éticos.
- Ver as redes sociais lhe causa "inveja"? Postar o sucesso lhe faz ser o invejado.

Às vezes, estamos prontos para começar e já nos sentimos esgotados.

"Não estar deprimido" não significa que não sentimos dificuldades. "Não estar esgotado" não significa que estamos totalmente ligados.

Empreendedores não são super-heróis, não são imbatíveis. Normalmente, são apenas pessoas que têm um sonho e querem torná-lo real.

O CUSTO DO EGOÍSMO SAUDÁVEL

No auge da segunda onda da pandemia, fui consultar um psiquiatra. O pânico tomou conta de mim, eu tinha altos e baixos gigantes e sofria demais com a dor alheia.

Eu estava bem, mas o mundo não. Os sentimentos de estagnação e vazio estavam se alastrando e, por mais que eu me esforçasse, a sensação era a de que eu estava me arrastando pelos dias, vendo a vida através de uma janela embaçada.

Depois de uma conversa de duas horas, o diagnóstico foi um excesso de altruísmo. Ele me indicou um livro que devorei em quatro dias: *A Virtude do Egoísmo*, de Ayn Rand. Dois dias depois, finalizei também a leitura de *Dar e Receber*, de Adam Grant, pela segunda vez.

Pode parecer "loucura", mas essas duas leituras abriram meus olhos e me ajudaram a promover mudanças necessárias em mim.

"Não vou mais bancar o rolé de quem não dirige a própria vida."

"Não vou carregar nas costas as dores do mundo."

"Apesar de doerem em mim, algumas feridas simplesmente não são minhas."

Isso não significa não ajudar mais, não apoiar, não me compadecer... significa reconhecer meus limites. Eu precisava de uma dose de "egoísmo saudável" como pregou Ayn Raind. Eu precisava desenvolver um comportamento alterista, como explicou, brilhantemente, Adam Grant.

Diante da angústia do mundo, pensei: *"Entre desiludir o outro e me desiludir, desculpe, mas eu vou lhe desiludir".*

Esse é um exercício extremamente difícil para alguém que sempre colocou o outro em primeiro lugar. Amo servir, me doar, compartilhar... mas entendi que não dá para fazer pelo outro. Não dá para querer pelo outro. Não dá para se importar pelo outro.

E se "quando um não quer, dois não brigam", para que comprar a briga do outro e encarar batalhas que não são minhas?

As lutas mais difíceis são aquelas nas quais quem mais acreditamos estar lutando conosco está parado. Por um momento, achei que isso acontecia porque o outro "confiava em mim". De repente, me percebi com um peso gigante nas costas.

Alguns aprendizados levam muito tempo, são necessários e quando se consolidam alteram o rumo das coisas, fazem elas fluírem.

Empreendedores choram por si, pelo outro e, por vezes, por ter de desistir do outro para poder seguir.

FÉ EMPREENDEDORA

A responsabilidade do empreendedor é gigante. O esforço é incomensurável. Se você não está alicerçado em um propósito claro, é fácil desistir.

Os planos de negócios, os cursos de gestão, a mentoria... tudo isso ajuda muito. Mas, para empreender, é preciso fé.

Fé na sua ideia, fé na sua capacidade e fé na humanidade.

==Mas só a fé não move montanhas ou, pelo menos, não move negócios.==

É preciso muita consciência de quem você é, de onde você quer chegar e o que precisa adicionar à sua bagagem para ir cada vez mais longe. Não existem atalhos.

É preciso coerência entre discurso e prática, entre planejar e executar, entre ser e estar, entre fazer e delegar.

É preciso consistência para se manter firme, lembrando que velocidade sem direção é perda de tempo. Consistência é lastro e, ao mesmo tempo, mola: dá base para estabilizar e impulso para voar. Manter a consistência requer desejo ardente, decisão, disposição e muita disciplina.

E é preciso coragem. Coragem para agir, apesar do pânico, da frustração, do julgamento. Coragem para confiar e, como diz a Dani Junco, fundadora da B2Mamy, "confiar que o outro vá fazer a parte dele na hora certa".

Empreender é ser movido por crenças. No meu caso, é também ser impulsionado pelo impacto que desejo causar no mundo, pelo desejo de fazer o meu melhor, todos os dias e por amor. Um amor que me faz, por vezes, acreditar mais no potencial do outro do que ele mesmo.

==Esse não é um jogo em que se pode ganhar ou perder, aliás, esse não é um jogo. Essa é a vida se manifestando em toda sua intensidade.==

Empresários também têm suas dores. Mas, talvez, o maior motivo de choro esteja na incompreensão e no sufocar nosso de cada dia, quando precisamos parecer fortes, seguros e invencíveis.

Eu aprendi que as lágrimas são inevitáveis e que é melhor deixá-las cair. Mas aprendi também nesse processo que, quanto mais faço gente sorrir, mais sentido fazem as minhas lágrimas, que são de alegria, alívio e realização.

Mesmo com todos os dissabores, escolho seguir em frente. E, se é para seguir em frente, irei de salto alto, batom vermelho e usando toda minha expressão. Afinal, como musicou Caetano Veloso: "*Respeito muito minhas lágrimas, mas ainda mais minhas risadas*".

Estão todos cansados, sobrecarregados, superocupados, segurando-se por um fio para não desistir. Por isso, valorize as pessoas que, mesmo assim, estão tentando fazer alguma diferença positiva no mundo.

CORDA BAMBA

"Não há maior agonia que suportar uma história não contada dentro de você"

MAYA ANGELOU

· A LIBERDADE DE VIVER EM DESEQUILÍBRIO ·

A vida perfeitamente equilibrada é utópica.
E a promoção da possibilidade de isso acontecer está deixando muita gente doente.

Acordar cedo, ler, meditar, praticar exercício, amar seu trabalho, viver de propósito, dedicar-se intensamente aos filhos, beber vinho e assistir a séries na Netflix, frequentar lugares badalados, viajar o mundo, cultivar amizades, fazer networking, investir no seu autodesenvolvimento e alimentar-se bem.

Tudo isso é importante? De certa forma, sim.

Dá para fazer tudo isso? Eu vou contar um segredo:

Dá para ser feliz e ter razão

Dá para fazer isso e aquilo

Dá para ser mãe e executiva

Só não dá tudo ao mesmo tempo! E está tudo bem!

E é sobre isso. Eu mesma sou do tipo que "não pode reclamar da vida". Na minha, tudo funciona e sou plenamente feliz. Dessa listinha insana aí, eu faço tudo e, por isso, todo mundo me pergunta: como você dá conta de tudo?

Eu não dou conta de tudo: eu dou conta do que é prioridade naquele momento. Isso é possível porque aprendi a conviver com o desequilíbrio de forma natural, afinal, com tantos pratinhos para girar ao mesmo tempo um sempre cai (às vezes, mais de um, é verdade).

Em meio a tantos papéis, tantos afazeres, tantas cobranças internas e do mundo, eu decidi decidir. Não sei ser metade, mais ou menos ou morna e, para ser inteira, preciso ser intensa e, para ser intensa, preciso de atenção, dedicação e foco: preciso de *presença*. É por isso que escolho as batalhas que valem a pena, reconheço que alguma coisa sempre vai ficar para trás e que é insano querer estar em todas.

Cada vez mais tenho trocado o F.O.M.O. (*fear of missing out*, medo de ficar de fora) pelo J.O.M.O. (*joy of missing out*, prazer em estar de fora) e, com isso, consigo deliberar sobre minha vida, ignorando algumas "modinhas" e me concentrando naquilo que tem influência direta no meu rolé.

==Tentando fazer o impossível, tornei-me plena a partir do momento que entendi que o que eu precisava era ser uma mulher possível.==

Às vezes, é frustrante? Sim! Mas daí vem pergunta do milhão: para que essa agonia toda?

Tenho utilizado a seguinte premissa: se não sei para que estou fazendo uma coisa, paro de fazê-la. Se essa coisa não se conecta aos meus objetivos, reorganizo a pressão por fazer aquilo. Revisar quais dos caminhos me aproxima mais dos meus objetivos e metas me permite escolher um caminhar mais feliz.

Aqui estão algumas premissas que tenho adotado para me manter na *vibe* do "Respira. Inspira. Não pira":

1. **MOVIMENTO REQUER DESEQUILÍBRIO:**
De acordo com a Física, equilíbrio é "a condição de um sistema em que as forças que sobre ele atuam se compensam, anulando-se mutuamente" e também "posição estável de um corpo, sem oscilações ou desvios".

Ou seja, a busca pelo equilíbrio gera movimento e ==movimento requer desequilíbrio.==

2. **DESEQUILIBRO INTENCIONAL:**

Em vez de deixar os pratinhos caírem de forma aleatória, aprendi que é mais prudente escolher qual deles deixar cair. Deliberar sobre o que deixar de lado em prol de um objetivo é fundamental para minha sanidade. E tem mais: confesso que, às vezes, eu simplesmente arremesso um pratinho para bem longe (e, quase sempre, depois tenho de arrumar a bagunça, faz parte).

Quando você escolhe o que vai para o beleléu, tem a oportunidade de negociar acordos previamente e se preparar para a situação.

==A abordagem positiva do desequilíbrio intencional é o foco:== para se dedicar com mais afinco a algum aspecto que vai lhe aproximar do seu objetivo (ou deixa-lo feliz, mesmo que momentaneamente) você, por algum tempo, terá de deixar algumas coisas de lado.

3. **ALTERNÂNCIA:**

Esse é o ponto que considero mais importante nesse processo de viver em harmonia uma vida em constante desequilíbrio, ==não deixar o mesmo pratinho cair com frequência.==

Duas semanas longe de casa podem ser compensadas com um fim de semana *off-line*. Após uma semana com as crianças doentes, seu relacionamento merece um "vale *night*". Exagerou comendo bobagem nas férias? Faz um *detox* no retorno.

Tudo isso, se fizer sentido para você e para os seus objetivos, é claro. Algumas questões se estendem mais, outras são facilmente compensáveis. O importante é manter os olhos abertos e pensar alternativas para "aquele prato" que você julga importante.

4. **ACEITAR SUA VULNERABILIDADE:**

==Aceitar sua imperfeição é libertador.== Conviver com pessoas "normais" que também choram no banheiro, têm ataques de histeria depois de noites em claro, curtem uma noite a mais longe de casa porque conseguem descansar, comemoram a segunda-feira porque cansam mais aos finais de semana, estão há anos sem conseguir ler um livro inteiro e não sabem o que é *Game of Trones* nem *La Casa de Papel* dá uma sensação incrível de normalidade.

Aceitar nossas limitações é fundamental, mas nos desafiar a sermos melhores do que somos, também. Eu acredito que a busca pelo autoconhecimento não deva servir para justificar quem somos, mas para sabermos lidar com quem somos e ajudar no desenho dos planos de quem queremos ser.

De qualquer forma, assumir o "não estou dando conta" é o que nos estimula a buscar ajuda. Ser ajudado não é demérito para ninguém. Muito pelo contrário, criar uma rede de apoio é algo inteligente.

5. PARAR DE ACREDITAR EM MITOS:

Um amigo vive dizendo que, se algo é perfeito demais, é porque não chegamos perto o suficiente. As redes sociais são a prova de disso. Das peles e vidas perfeitas à realidade, muitas vezes, existe um abismo. E os filtros são aplicados não apenas por quem posta, mas, principalmente, por quem lê.

A comparação parece inevitável e, por isso, muitas vezes sem perceber, você começa a se achar inferior. Lembre-se: não compare seu bastidor com o palco de ninguém. Às vezes, o melhor remédio é limpar a *timeline* da vida. Se serve de inspiração, siga! Se alimenta sua depressão, delete.

6. TRACE SUA PRÓPRIA RÉGUA:

Você é livre para escolher, para decidir e para viver do jeito que lhe fizer bem. Enquanto estiver preso a padrões utópicos, você vai se frustrar.

Enquanto paralisar diante das escolhas que prometem uma vida perfeita, sua vida será invadida por sentimentos tanto de frustração como de angústia. Esses sentimentos negativos podem, a partir de mudanças relativamente simples, ser substituídos por aceitação e leveza. Não se trata de "ter a régua baixa" ou se contentar por pouco. Trata-se de traçar sua própria régua.

Repita comigo:

Eu não preciso dar conta de tudo.

Eu preciso dar conta do que verdadeiramente importa.

MEUS QUATRO CÊS

"Não quero a faca nem o queijo,
quero a fome"

ADÉLIA PRADO

• CONSCIÊNCIA, COERÊNCIA, CONSISTÊNCIA E CORAGEM •

Desde criança, a vida me impôs decisões difíceis. A separação dos meus pais foi a primeira delas. Lembro-me de quando eu e minha irmã fomos levadas a uma juíza, que pediu que meus pais saíssem, resumiu o contexto e disse: "Vocês precisam me dizer com quem gostariam de morar e por quê?"

Pois é, aos nove anos de idade, falar isso diante de uma situação tão delicada foi, na verdade, só o começo. Muitas outras decisões difíceis foram necessárias dali para frente e, logo cedo, entendi que isso era a vida.

Tomamos decisões a todo momento. É como dizem: "Na vida, existem duas certezas, a primeira é que vamos morrer, a outra é que, enquanto isso não acontece, precisaremos fazer escolhas".

Faz parte da nossa evolução e evoluir é uma premissa da vida. Ou você faz isso de forma deliberada ou a vida coloca você em algum tipo de crise e o obriga a evoluir. É como diria minha sábia mainha: "Ou você aprende pelo amor, ou pela dor" (aposto que sua mainha também dizia isso para você).

Pois é, mesmo que esse rolé de fazer escolhas seja constante, é sempre muito desafiador. Até porque não existe a escolha *certa*, o que existe é o impacto que essa escolha tem em nossas vidas. A tomada de decisão fica no passado, mas o que acontece depois que implementamos a decisão é o nosso presente. É nele que vivemos, certo?

São vários os momentos da vida durante os quais nos deparamos com grandes escolhas. As tais crises existenciais não são somente aquelas nas quais nos perguntamos "quem sou eu?", "que caminho devo seguir?" ou "por que estou aqui?". Elas acontecem em momentos de mudanças quando existe a possibilidade de um novo trabalho, quando o fim de um relacionamento se torna necessário, quando temos de decidir se a gente casa ou compra uma bicicleta.

O grande lance é criar uma estratégia, definir premissas que contribuam para a *sua* tomada de decisão, alicerçadas em elementos que se conectem com *você*.

Revisando o *meu* processo, percebi que ele sempre tinha algo em comum. Ele estava alicerçado em quatro cês que, carinhosamente, batizei de os *meus cês da vida*. São eles:

- CONSCIÊNCIA
- COERÊNCIA
- CONSISTÊNCIA
- CORAGEM

CONSCIÊNCIA

Estar consciente me permite jogar aberto comigo mesma. A ampliação da consciência me faz entender ou lembrar de minha *causa*, minhas *crenças*, minhas *capacidades* e meus *comportamentos* e de como eles contribuem na construção do meu *contexto* desejado (haja cê).

Ampliar nossa consciência sobre quem *somos* é o primeiro passo para compreender quem *desejamos* ser. É preciso mapear desafios do ambiente, reconhecer suas fraquezas, mas, também, prestar atenção nos pontos fortes e nas oportunidades.

É importante, muito importante, ser honesto consigo mesmo e admitir para si o que você realmente deseja ou, como costumo dizer: o que eu quero "de com força" (expressão bem baiana, risos). Você só conseguirá se tornar quem você quer ser e ter o que almeja a partir do momento que passar a compreender quem você foi até aqui.

==Eu só consegui me tornar quem eu queria ser quando passei a compreender quem eu era.==

Clareza de propósito, de missão e de visão deverão servir como ponto de partida. Conectar contexto (o que queremos ter) e causa (o que queremos ser ou como queremos impactar o mundo) é o que nos permite caminhar felizes.

Para ampliar minha consciência sobre determinada situação, costumo me fazer duas perguntas:

1. O que não estou conseguindo enxergar?
2. Por que estou sentindo o que estou sentindo?

Segundo o dicionário Aurélio, consciência significa "atributo pelo qual o ser humano pode conhecer e julgar sua própria realidade; faculdade de estabelecer julgamentos morais dos atos realizados; conhecimento imediato de sua própria atividade psíquica; noção".

==Não basta olhar ao redor: é preciso olhar para dentro.==

Para entender o porquê do atual contexto e, principalmente, por que muitas vezes ele se repete, é preciso reconhecer padrões. São os padrões que justificarão por que, muitas vezes, você não sai do lugar. É nos padrões que você deverá atuar caso queira mudar seu contexto.

Existe um poema que eu amo e leio para mim sempre que penso sobre a importância de ampliar a consciência.

"HÁ UM BURACO NO MEU CAMINHO"
("There's a Hole in My SideWalk", de Portia Nelson)

I
Eu caminho pela rua. Há um buraco profundo na calçada. Eu caio.
Eu estou perdido... estou indefeso. Mas não é culpa minha.
Demoro uma eternidade para encontrar uma saída.

II
Eu caminho pela mesma rua. Há um buraco profundo na calçada.
Eu finjo que não vejo. Eu caio novamente.
Não posso acreditar que estou no mesmo lugar.
Mas não é culpa minha. Ainda demoro muito tempo para sair.

III
Eu caminho pela mesma rua. Há um buraco profundo na calçada
Eu o vejo lá. Ainda caio mais uma vez. É um hábito. Meus olhos estão abertos.
Sei onde estou. É culpa minha. Eu saio imediatamente.

IV
Eu caminho pela rua. Há um buraco profundo na calçada.
Eu o contorno.

V
Eu caminho por outra rua

Estar consciente nos permite agir de forma deliberada.

Estar consciente é ter lucidez sobre a situação de forma holística. Apenas estando consciente é possível sentir-se responsável pelos próprios atos, afinal "se eu decidi, eu escolhi, eu posso mudar ou eu posso decidir permanecer".

Existe uma frase de Jung que é um soco no estômago: "Até você se tornar consciente, o inconsciente irá dirigir sua vida e você vai chamá-lo de destino".

Encarar a si não é algo fácil, mas é impossível reconhecer algo que não se conhece, afinal, o "PORQUÊ" dá sentido, o "PRA QUE" inspira. Até a motivação precisa estar a serviço de algo.

==Só mudamos aquilo que (re)conhecemos.==

COERÊNCIA

"Ou você quer e faz ou para de fingir que quer". Eu me peguei falando isso para mim quando estava lutando contra a balança. Aliás, a luta não era contra a coitada da balança, aquele ser inanimado que nada mais fazia senão registrar meu peso. A luta era um conflito entre o desejo de cuidar da minha saúde e a preguiça, o brigadeiro, o pão e por aí vai.

Ser coerente é agir de acordo com seus objetivos e valores. É ser congruente com seu ser e com o que se deseja ser. É caminhar quando é preciso contemplar. É correr quando é preciso conquistar.

Ouço muitas pessoas usarem a frase "cuidado com o que você pede, pois, um dia, pode se tornar realidade" e acho isso insano. Por que eu devo ter "cuidado" com algo que tanto desejo?

Ter "cuidado" com algo que se deseja não parece inteligente. Prefiro essa frase da seguinte forma: "*prepare-se para o que você deseja, pois, se você quer mesmo (o tal 'querer de com força'), isso vai se tornar realidade*".

Coerência é ação, afinal, apenas definir um propósito não é garantia de realização. A consciência nos ajuda a enxergar o contexto atual e a desenhar o contexto desejado. A coerência é a trilha que liga um ponto a outro.

É preciso ressignificar algumas crenças, fortalecer outras, quebrar paradigmas não compatíveis com o que se deseja, adquirir novas capacidades e praticar novos comportamentos.

A *coerência* é essencial para relações sustentáveis e felizes. Prometeu, cumpra. Desceu para o *play*, brinque. Para agir de forma coerente, é preciso que sentimentos, pensamentos e ações estejam em linha. Mudar um sentimento é algo muito difícil, mas mudar comportamento é questão de desejo, decisão, disposição e disciplina (serão esses os dês da vida? Hahahaha). E comportamento gera sentimento.

Existe uma frase atribuída a Einstein, que gosto muito e diz o seguinte:

"A vida é como jogar uma bola na parede:
Se for jogada uma bola azul, ela voltará azul;
Se for jogada uma bola verde, ela voltará verde;
Se a bola for jogada fraca, ela voltará fraca;

*Se a bola for jogada com força, ela voltará com força.
Por isso, nunca 'jogue uma bola na vida' de forma
que você não esteja pronto a recebê-la.
A vida não dá nem empresta;
não se comove nem se apieda.
Tudo quanto ela faz é retribuir e transferir
aquilo que nós lhe oferecemos".*

Avalie o que o impede de viver tudo aquilo que você pode e merece. Observe quais foram seus padrões de comportamento que o trouxeram até aqui, e decida quais deles você repetirá e quais deles deverá abandonar.

==Seu posicionamento reflete como você deseja ser visto pelo mundo.== Sua reputação é como você é visto pelo mundo. Agir com coerência é aproximar esses dois mundos. A escolha é sua.

Nesse processo, você será obrigado a escolher, inclusive, o que fica de fora. É o que chamo de desequilíbrio intencional. Você não precisa abrir mão de nada para sempre, mas precisa abrir mão de algo temporariamente. É preciso reconhecer que o equilíbrio gera inércia. A inércia ou o mantém parado ou agindo de forma linear, e a vida requer movimento de altos e baixos. Só está parado quem está morto. Um eletrocardiograma só se apresentará de forma linear quando seu coração parar de bater.

Aja de forma intencional e com congruência. Lembre-se de que ==o coração tem razões que a própria razão reconhece.==

Na dúvida sobre uma atitude, se pergunte:

Para que essa agonia toda?

Que impacto esse comportamento causa na minha vida? O quanto ele me aproxima ou me afasta dos meus objetivos?

E conte com *feedbacks*, muitos *feedbacks*.

Para isso, cerque-se de pessoas melhores que você e de pessoas com boas intenções, mas lembre-se de compartilhar com elas as suas intenções. Pode parecer um simples trocadilho, mas isso muda tudo.

==Consciência sem coerência não muda o padrão. É preciso reconhecer e agir.==

CONSISTÊNCIA

Um dos *feedbacks* que mais recebi na vida foi este: "Você precisa ser consistente".

Pois é... eu sou uma pessoa de muita iniciativa e muitas iniciativas. Tenho muitas ideias e quero colocar tudo em prática, por isso, muitas vezes, me falta a tal da "acabativa".

Começar, por vezes, é fácil. Continuar, nem sempre.

Ser consistente é resistir à tentação. É desafiar o próprio corpo (física e mentalmente), que, por natureza, vai sempre tentar economizar energia.

Suas crenças o ajudarão ou o atrapalharão nesse processo. Como diria Muhammad Ali: "É a repetição de afirmações que leva à crença. E uma vez que a crença se torna uma convicção profunda, as coisas começam a acontecer". Ou não. O mesmo poder que uma crença tem de leva-lo a agir, ela pode ter de paralisá-lo.

Ser consistente é se manter inspirado a querer mais. Consistência é o lastro. É o conhecimento que dá embasamento para compreender que seguir em frente não é assim tão em frente e o que os altos baixos fazem parte da nossa evolução. Consistência é persistir, buscando alternativas para mudar o plano e não a meta.

Algumas pessoas confundem persistir com insistir. Insistência é repetição, é "bater na mesma tecla", é tentar vencer pelo cansaço. A persistência é tentar de formas diferentes alcançar um objetivo definido.

Ser consistente é saber quando insistir e quando persistir. A consistência é algo de intenso fundamento, que tem propósito claro e demonstra força na sua sustentação. Construir bases sólidas é fundamental para se manter firme no propósito.

A consistência o impede de ser mais ou menos, de ser café com leite. Consistência está relacionada à intensidade. É mergulhar fundo. É despir-se de qualquer coisa que o impeça de fazer bem-feito. Como diria Fernando Pessoa:

> *"Para ser grande, sê inteiro: nada*
> *Teu exagera ou exclui.*

Sê todo em cada coisa. Põe quanto és
No mínimo que fazes. "

Na busca pela consistência, é importante não confundir:
- Velocidade com pressa
- Autenticidade com resistência
- Inconformismo com mimimi
- Perspectiva com julgamento
- Automotivação com autoengano.

Os primeiros costumam colocá-lo na direção dos seus objetivos, os demais o impedem de alcançá-lo.

==Consciência e coerência sem consistência não estabelecem um novo padrão. É preciso reconhecer, agir e transformar um novo comportamento num hábito.==

CORAGEM

Originalmente, meus cês da cida eram três. Literalmente, me faltava coragem. Como já tivemos um capítulo inteirinho sobre esse tema, vou resumir aqui porque coragem se tornou um dos *meus cês da vida*.

==É um fracasso insistir em situações das quais não temos coragem de desistir.==

A coragem entrou aqui porque passei a encarar as mudanças também como desistências. A essa altura, você deve estar pensando: mas isso não contrapõe tudo que você trouxe até aqui?

Não.

Assim como persistir leva pessoas ao sucesso (seja na vida profissional, seja na pessoal), desistir também. Permanecer em uma situação que não se encaixa mais na vida que você deseja, não se conecta mais aos seus objetivos, é uma grande perda de tempo.

Li outro dia uma frase atribuída a Peter Drucker, que achei genial: "Nada é menos produtivo do que tornar eficiente algo que nem deveria ser feito".

No entanto, a cultura do "não desista nunca" faz parecer que quem desiste é fraco, fugaz ou inconsistente. No entanto, "deixar pra lá" é também uma atitude. Mudar de opinião não significa enfraquecer, mas, sim, amadurecer.

E amadurecer é estar em tempo.

Eu passei muito tempo da minha vida "fingindo ser" porque achava que devia fazer o que as pessoas esperavam de mim.

Coragem não significa apenas ir com medo mesmo. Ser corajoso, muitas vezes, exige deixar que os outros pensem que você é covarde ou decepcionar todos os outros menos a si mesmo.

Coragem é algo pessoal. Não deixe que ela seja julgada pelas pessoas ao seu redor.

Ao ter coragem de desistir, a vida passa a ter espaço para acontecer.

Aprendi que, tão importante quanto saber lutar no ringue, me faz feliz saber a hora de jogar a toalha.

Não transforme crenças limitantes em valores engrandecedores. Apegue-se ao que lhe faz bem. O que não faz, jogue fora. A vida precisa de espaço para acontecer.

AUTODIAGNÓSTICO

Quando se trata de escolhas, decisões, rumos, dilemas ou bolas divididas, não dá para prever o que vai dar certo ou errado, mas as premissas nos ajudam a ter mais sucesso nessa situação. Por isso:

- Se você se sente confuso, talvez lhe falte consciência. Clareza dos objetivos, autoconhecimento, ampliam nossa visão.
- Se você sente cansaço, talvez esteja lhe faltando coerência. A sensação de que "fiz muita coisa e não saí do lugar" é típica de quando estamos fazendo coisas que se conectam aos nossos objetivos.
- Se você se percebe começando coisas, mas não seguindo adiante, ou seja, se você tem iniciativa, mas lhe falta a tal da "acabativa", o desafio está na consistência. Busque alternativas e fortaleça seus músculos para persistir.

- Se você se sente resistente a qualquer alternativa, se é do tipo que encontra um problema em cada solução que lhe é oferecida, talvez esteja lhe faltando *coragem*. Desculpas perfeitas são perfeitas quando cumprem o objetivo de mantê-lo onde está.

CONSCIÊNCIA	COERÊNCIA	CONSISTÊNCIA	CORAGEM	=	SUCESSO
CONSCIÊNCIA	COERÊNCIA	CONSISTÊNCIA		=	RESISTÊNCIA
CONSCIÊNCIA	COERÊNCIA		CORAGEM	=	INICIATIVA
CONSCIÊNCIA		CONSISTÊNCIA	CORAGEM	=	CANSAÇO
	COERÊNCIA	CONSISTÊNCIA	CORAGEM	=	CONFUSÃO

Uma pausa para olhar para você se faz (*sempre*) necessária. Eu sei que tem dias que a gente quer mudar o mundo e tem dias que a gente quer sumir do mundo, mas concentrar-se no seu rolê tornará a jornada, no mínimo, mais feliz. A gente nem sempre sabe se vai chegar, como vai chegar, quando vai chegar e até se quer chegar, por isso concentrar-se no aqui e agora é fundamental. Cultivar nossa presença é o maior presente que podemos nos dar.

Primeiro você cuida de você, depois, do outro. Pode parecer clichê, mas seguir os conselhos dos comissários de bordo pode fazer toda diferença em sua vida: "Em caso de despressurização, máscaras de oxigênio cairão sobre você. Coloque primeiro *em você* uma máscara, para depois auxiliar outro passageiro".

Em resumo, estes são *meus cês da vida*:

CONSCIÊNCIA → ENXERGAR

COERÊNCIA → COMEÇAR

CONSISTÊNCIA → CONTINUAR

CORAGEM → MUDAR

UM PRESENTE PARA VOCÊ

Após publicar Os Cês da Vida, fiz centenas de palestras e conversei com milhares de pessoas sobre ele. Comecei a perceber que o meu processo poderia ajudar outras pessoas e, então, elaborei uma espécie de roteiro para você avaliar a sua vida e promover a evolução que quer e merece.

Aqui está ele: um *Plano dos cês da sua vida* para cinco anos. Risque, rabisque e, principalmente, desafie-se todos os dias a ser a sua melhor versão.

CONSCIÊNCIA

CONTEXTO

Riqueza para mim é:

_____
_____
_____
_____
_____
_____
_____

Sucesso para mim é:

_____
_____
_____
_____
_____
_____
_____

METAS DE GANHOS PELO TRABALHO REALIZADO				
ANO 1	ANO 2	ANO 3	ANO 4	ANO 5

CAUSA

O que eu pagaria para fazer?

O que eu faço muito bem?

O que alguém me pagaria para fazer?

O que eu não faria nem que me pagassem muito?
_____
_____
_____
_____
_____
_____
_____

Como eu gostaria de ser lembrado?
_____
_____
_____
_____
_____
_____
_____

Do que eu estou disposto a abrir mão?
_____
_____
_____
_____
_____
_____
_____

COERÊNCIA

COMPORTAMENTOS

Que comportamentos eu preciso parar de praticar?

_____
_____
_____
_____
_____
_____
_____
_____

Que comportamentos eu preciso começar a praticar?

_____
_____
_____
_____
_____
_____
_____
_____

Que comportamentos eu preciso continuar a praticar?

_____
_____
_____
_____
_____
_____
_____
_____

CAPACIDADES

Uma pessoa reconhecida pelo que você gostaria de ser reconhecido (a) é capaz de/ sabe do quê/ entende do quê?

_____
_____
_____
_____
_____
_____

O que eu preciso aprender (conhecimentos e habilidades)?
ESTE ANO (__):

_____
_____
_____
_____
_____
_____

ANO QUE VEM (__):

_____
_____
_____
_____
_____
_____

EM ATÉ CINCO ANOS:

_____
_____
_____
_____
_____
_____
_____
_____

Como eu vou aprender o que preciso aprender (cursos, livros, filmes, pessoas)?

_____
_____
_____
_____
_____
_____
_____

CONSISTÊNCIA

FEEDBACKS
Que feedbacks eu recebo frequentemente que me incomodam?

_____
_____
_____
_____
_____
_____
_____

O que ouço frequentemente de pessoas que me querem bem, mas que não combina com meus objetivos?

_____
_____
_____
_____
_____
_____
_____

CRENÇAS
Que crenças me trouxeram até aqui e que hoje me atrapalham?

_____
_____
_____
_____
_____
_____
_____

O que falo para mim mesmo frequentemente?

_____
_____
_____
_____
_____
_____
_____

Quais são minhas crenças fortalecedoras?

_____
_____
_____
_____
_____
_____
_____

Quais são minhas crenças limitantes?

_____
_____
_____
_____
_____
_____
_____

CORAGEM

O que eu faria se eu não tivesse medo?
_____
_____
_____
_____
_____
_____

O que, fora do meu controle, poderia me impedir de alcançar meus objetivos? Há algo que eu possa fazer agora para minimizar esse impacto?
_____
_____
_____
_____
_____
_____

Alguém que me inspira ao mostrar por que seguir na direção dos meus objetivos:
_____
_____
_____
_____
_____
_____

Alguém que pode me aconselhar a como seguir na direção dos meus objetivos:

_____
_____
_____
_____
_____
_____
_____

Alguém que pode me apoiar a realizar o que me manterá na direção dos meus objetivos:

_____
_____
_____
_____
_____
_____
_____

Com quem devo compartilhar meus objetivos:

_____
_____
_____
_____
_____
_____
_____

Este livro foi composto em Neutra Text Book e Univers LT Std,
e impresso em papel offset 90 g na gráfica Paym

DVS
EDITORA

www.dvseditora.com.br